Ursprünglich Genießen

Paleo-Rezepte für eine natürliche Ernährung

Lara Schneider

Inhalt

Gegrillte Steaks mit Wurzelgemüse-Hash 9
Asiatisches Rindfleisch und Gemüse 12
Zedernholzfilets mit asiatischem Salat und Krautsalat 14
Gebratene Tri-Tip-Steaks mit Blumenkohl-Peperonata 17
Steaks haben Poivre mit Dijon-Pilzen 19
Steak 19
SOS   19
Gegrillte Flat Iron Steaks mit karamellisierten Zwiebeln, dazu Chipotle und Salsasalat 22
Steak 22
Salsa-Salat 22
Karamellisierte Zwiebeln 22
Gegrilltes Ribeye-Steak mit Zwiebeln und Knoblauch-Butter 25
Rippchensalat mit gegrillten Rüben 27
Kurze Rippchen nach koreanischer Art mit sautiertem Ingwerkohl 29
Rinderrippchen mit Zitrus-Fenchel-Gremolata 32
Rippen 32
Kürbis in der Pfanne 32
Gremolata 32
Rindfleischpastetchen nach schwedischer Art mit Senf und Gurkensalat 35
Gurkensalat 35
Lebenskosten 35
Geschmorte Rindfleischburger auf Rucola mit gerösteten Wurzeln 39
Gegrillte Rindfleischburger mit Tomaten in Sesamkruste 42
Burger am Spieß mit Baba-Ghanoush-Sauce 45
Mit Rauch gefüllte Paprika 48
Bison-Burger mit Cabernet-Zwiebeln und Rucola 51
Bison- und Lammhackbraten auf Smog und Süßkartoffeln 54
Bisonfleischbällchen mit Apfelmus und Johannisbeeren mit Zucchini-Pappardelle 57
Fleischklößchen 57
Apfel-Johannisbeer-Sauce 57

Zucchini-Pappardelle	58
Bison-Steinpilz-Bolognese mit Spaghettikürbis mit geröstetem Knoblauch	60
Bison-Chili mit Fleisch	63
Marokkanisch gewürzte Bisonsteaks mit gegrillten Zitronen	65
Bison-Lendensteak mit Kräutern der Provence eingerieben	67
In Kaffee geschmorte Bison-Rippchen mit Mandarinen-Gremolata und Selleriewurzelpüree	69
mariniert	69
Kochen erstickt	69
Rinderknochenbrühe	72
Mit Gewürzen eingeriebene tunesische Schweineschulter mit würzigen Süßkartoffeln	75
Schwein	75
Fritten	75
Kubanische gegrillte Schweineschulter	78
Italienischer gewürzter Schweinebraten mit Gemüse	81
Schweinefilet im langsamen Ofen	83
Mit Kreuzkümmel gewürzter Schweinefleisch-Kürbis-Eintopf	86
Mit Früchten gefülltes Spitzensteak mit Brandysauce	88
Steak88	
Brandy-Sauce	88
Schweinebraten nach Porchetta-Art	91
Mit Tomatillo geschmortes Schweinefilet	94
Mit Aprikosen gefülltes Schweinefilet	96
Schweinefilet in Kräuterkruste mit knusprigem Knoblauchöl	98
Indisch gewürztes Schweinefleisch mit Kokossauce	100
Schweine-Scaloppini mit gewürzten Äpfeln und Kastanien	101
Schweinefleisch-Fajita im Wok anbraten	104
Schweinefilet mit Portwein und Pflaumen	106
Schweinefleisch nach Moo-Shu-Art in Salatbechern mit schnell eingelegtem Gemüse	108
Eingelegtes Gemüse	108
Schwein	108
Schweinekoteletts mit Macadamias, Salbei, Feigen und Süßkartoffelpüree	110
Mit Rosmarin und Lavendel in der Pfanne gebratene Schweinekoteletts mit gerösteten Trauben und Walnüssen	112

Fiorentina-Schweinekoteletts mit gegrilltem Brokkoli ... 114

Mit Eskariol gefüllte Schweinekoteletts ... 117

Schweinekoteletts mit Dijon-Pekannusskruste ... 120

Schweinefleisch in Walnusskruste mit Brombeer-Spinat-Salat ... 122

Schweineschnitzel mit süßsaurem Rotkohl ... 124

Kohl 124

Schwein ... 124

Gebratener Truthahn mit zerdrückten Knoblauchwurzeln ... 126

Putenbrust gefüllt mit Pestosauce und Rucolasalat ... 129

Gewürzte Putenbrust mit Kirsch-BBQ-Sauce ... 131

In Wein geschmortes Putenfleisch ... 133

Gebratene Putenbrust mit Schnittlauch-Scampi-Sauce ... 136

Geschmorte Putenkeulen mit Wurzel ... 138

Kräuter-Putenhackbraten mit karamellisiertem Zwiebelketchup und gerösteten Kohlscheiben ... 140

Truthahn-Posole ... 142

Hühnerknochenbrühe ... 144

Grüner Harissa-Lachs ... 148

Lachs ... 148

Harissa ... 148

Gewürzte Sonnenblumenkerne ... 148

Salat 149

Gegrillter Lachs mit mariniertem Artischockenherzsalat ... 152

Gebratener chilenischer Salbei-Lachs mit grüner Tomatensalsa ... 154

Lachs ... 154

Grüne Tomatensalsa ... 154

Gebratener Lachs und Spargel in Papilloten mit Zitronen-Haselnuss-Pesto ... 157

Mit Gewürzen eingeriebener Lachs mit Pilzen und Apfelsauce ... 159

Sole en Papillote mit Julienne-Gemüse ... 162

Rucola-Pesto-Fisch-Tacos mit rauchiger Limettencreme ... 164

Seezunge mit Mandelkruste ... 166

Gegrillte Kabeljau- und Zucchini-Päckchen mit würziger Mango-Basilikum-Sauce
... 169

Pochierter Riesling-Kabeljau mit mit Pesto gefüllten Tomaten ... 171

Gebratener Kabeljau mit Pistazienkruste, Koriander und zerdrückten Süßkartoffeln
... 173

Rosmarin-Mandarinen-Kabeljau mit geröstetem Brokkoli 175

Mit grünem Kabeljausalat und eingelegtem Rettich-Curry umwickeln 177

Gebratener Schellfisch mit Zitrone und Fenchel 179

Snapper mit Pekannusskruste, Cajun-Okra und Tomaten-Remoulade 181

Estragon-Thunfisch-Pastetchen mit Avocado-Zitronen-Aïoli 184

Gestreifte Bass-Tajine 187

Heilbutt in Knoblauchsauce und Garnelen mit Soffrito-Grün 189

Bouillabaisse mit Meeresfrüchten 191

Klassisches Garnelen-Ceviche 194

Garnelensalat mit Kokosnuss- und Spinatkruste 197

Ceviche mit tropischen Garnelen und Jakobsmuscheln 199

Jamaikanische Jerk-Garnelen mit Avocadoöl 201

Garnelenscampi mit Blattspinat und Radicchio 203

Krabbensalat mit Avocado, Grapefruit und Jicama 205

Cajun-Hummerschwanz mit Estragon-Aïoli kochen 207

Muschelkrapfen mit Safran-Aïoli 209

Pastinakenkrapfen 209

Safran-Aïoli 209

Miesmuscheln 209

Gebratene Jakobsmuscheln mit Rote-Bete-Geschmack 212

Gegrillte Jakobsmuscheln mit Dill-Gurken-Salsa 215

Gebratene Jakobsmuscheln mit Tomaten, Olivenöl und Kräutersauce 218

Muscheln und Soße 218

Salat 218

GEGRILLTE STEAKS MIT WURZELGEMÜSE-HASH

AUSBILDUNG:20 Minuten stehen lassen: 20 Minuten grillen: 10 Minuten stehen lassen: 5 Minuten ergeben: 4 Portionen

STEAKS HABEN EINE SEHR ZARTE TEXTUR,UND DER KLEINE FETTSTREIFEN AUF EINER SEITE DES STEAKS WIRD AUF DEM GRILL KNUSPRIG UND RAUCHIG. MEINE EINSTELLUNG ZU TIERISCHEN FETTEN HAT SICH SEIT MEINEM ERSTEN BUCH GEÄNDERT. WENN SIE SICH AN DIE GRUNDPRINZIPIEN DER PALÄO-DIÄT HALTEN UND GESÄTTIGTE FETTSÄUREN AUF 10 BIS 15 PROZENT IHRER TÄGLICHEN KALORIENZUFUHR BESCHRÄNKEN, ERHÖHT SICH DAS RISIKO EINER HERZERKRANKUNG NICHT, IM GEGENTEIL, DAS GEGENTEIL KÖNNTE DER FALL SEIN. NEUE INFORMATIONEN DEUTEN DARAUF HIN, DASS EINE ERHÖHUNG DES LDL-CHOLESTERINS TATSÄCHLICH SYSTEMISCHE ENTZÜNDUNGEN REDUZIEREN KANN, DIE EINEN RISIKOFAKTOR FÜR HERZERKRANKUNGEN DARSTELLEN.

- 3 Esslöffel natives Olivenöl extra
- 2 Esslöffel frisch geriebener Meerrettich
- 1 Teelöffel fein gehackte Orangenschale
- ½ Teelöffel gemahlener Kreuzkümmel
- ½ Teelöffel schwarzer Pfeffer
- 4 Streifensteaks (auch Oberloin genannt), etwa 2,5 cm dick geschnitten
- 2 mittelgroße Pastinaken, geschält
- 1 große Süßkartoffel, geschält
- 1 mittelgroße Rübe, geschält
- 1 oder 2 Schalotten, fein gehackt
- 2 Knoblauchzehen, gehackt
- 1 Esslöffel frisch gehackter Thymian

1. In einer kleinen Schüssel 1 Esslöffel Öl, Meerrettich, Orangenschale, Kreuzkümmel und ¼ Teelöffel Pfeffer vermischen. Die Mischung über die Steaks verteilen; Abdecken und 15 Minuten bei Zimmertemperatur stehen lassen.

2. In der Zwischenzeit für das Haschisch die Pastinaken, Süßkartoffeln und Rüben mit einer Küchenreibe oder einer Küchenmaschine mit Raspelmesser hacken. Gehacktes Gemüse in eine große Schüssel geben; Schalotte(n) hinzufügen. In einer kleinen Schüssel die restlichen 2 Esslöffel Öl, den restlichen ¼ Teelöffel Pfeffer, Knoblauch und Thymian vermischen. Über das Gemüse träufeln; umrühren, um alles gut zu vermischen. Falten Sie ein 36 x 18 Zoll großes Stück schwere Folie in zwei Hälften, um eine doppelt dicke Folie mit den Maßen 18 x 18 Zoll zu erhalten. Legen Sie die Gemüsemischung in die Mitte der Folie. Heben Sie die gegenüberliegenden Kanten der Folie an und verschließen Sie sie mit einer Doppelfalte. Falten Sie die restlichen Ränder so, dass das Gemüse vollständig umschlossen ist und Platz für den Dampf bleibt.

3. Bei einem Holzkohle- oder Gasgrill legen Sie die Steaks und die Folienverpackung direkt bei mittlerer Hitze auf den Grill. Decken Sie die Steaks ab und braten Sie sie 10 bis 12 Minuten lang bei mittlerer Rarität (145 °F) oder 12 bis 15 Minuten lang bei mittlerer Hitze (160 °F) und wenden Sie sie nach der Hälfte der Grillzeit einmal um. Grillen Sie die Packung 10 bis 15 Minuten lang oder bis das Gemüse weich ist. Lassen Sie die Steaks 5 Minuten ruhen, während

das Gemüse fertig gart. Gemüsehasch auf vier Servierteller verteilen; Mit Steaks belegen.

ASIATISCHES RINDFLEISCH UND GEMÜSE

AUSBILDUNG: 30 Minuten Kochzeit: 15 Minuten ergeben: 4 Portionen

FIVE SPICE POWDER IST EINE GEWÜRZMISCHUNG OHNE SALZWEIT VERBREITET IN DER CHINESISCHEN KÜCHE. ES BESTEHT ZU GLEICHEN TEILEN AUS GEMAHLENEM ZIMT, NELKEN, FENCHELSAMEN, STERNANIS UND SZECHUAN-PFEFFERKÖRNERN.

- 1½ Pfund Rinderfilet ohne Knochen oder Rinderfilet ohne Knochen, 1 Zoll dick geschnitten
- 1½ Teelöffel Fünf-Gewürze-Pulver
- 3 Esslöffel raffiniertes Kokosöl
- 1 kleine rote Zwiebel, in dünne Scheiben schneiden
- 1 kleiner Bund Spargel (ca. 12 Unzen), geputzt und in 7,6 cm große Stücke geschnitten
- 1½ Tassen julienierte gelbe und/oder orangefarbene Karotten
- 4 Knoblauchzehen, gehackt
- 1 Teelöffel fein gehackte Orangenschale
- ¼ Tasse frischer Orangensaft
- ¼ Tasse Rinderknochenbrühe (siehe Rezept) oder ungesalzene Rinderbrühe
- ¼ Tasse Weißweinessig
- ¼ bis ½ Teelöffel gemahlener roter Pfeffer
- 8 Tassen grob gehackter Chinakohl
- ½ Tasse ungesalzene Mandelblättchen oder grob gehackte ungesalzene Cashewnüsse, geröstet (siehe Tipp, Seite 57)

1. Bei Bedarf das Rindfleisch teilweise einfrieren, damit es sich leichter schneiden lässt (ca. 20 Minuten). Das Rindfleisch in sehr dünne Scheiben schneiden. In einer großen Schüssel das Rindfleisch und das Fünf-Gewürze-Pulver vermischen. In einem großen Wok oder einer extra

großen Pfanne 1 Esslöffel Kokosöl bei mittlerer bis hoher Hitze erhitzen. Die Hälfte des Rindfleischs hinzufügen; kochen und 3 bis 5 Minuten rühren, bis es braun ist. Das Rindfleisch in eine Schüssel geben. Wiederholen Sie den Vorgang mit dem restlichen Rindfleisch und einem weiteren Esslöffel Öl. Geben Sie das Rindfleisch zusammen mit dem anderen gekochten Rindfleisch in die Schüssel.

2. In denselben Wok den restlichen 1 Esslöffel Öl geben. Zwiebel hinzufügen; kochen und 3 Minuten rühren. Spargel und Karotten hinzufügen; kochen und 2 bis 3 Minuten lang umrühren, bis das Gemüse knusprig und zart ist. Den Knoblauch hinzufügen; kochen und noch 1 Minute rühren.

3. Für die Soße Orangenschale, Orangensaft, Rinderknochenbrühe, Essig und gemahlenen roten Pfeffer in einer kleinen Schüssel vermischen. Die Soße und das gesamte Rindfleisch mit Saft aus der Schüssel zum Gemüse in den Wok geben. Kochen und rühren Sie 1-2 Minuten lang oder bis es durchgeheizt ist. Geben Sie das Rindfleischgemüse mit einem Schaumlöffel in eine große Schüssel. Zum Warmhalten abdecken.

4. Die Sauce ohne Deckel bei mittlerer Hitze 2 Minuten kochen lassen. Kohl hinzufügen; kochen und 1 bis 2 Minuten rühren, bis der Kohl zusammengefallen ist. Den Kohl und eventuelle Kochsäfte auf vier Servierteller verteilen. Gleichmäßig mit der Rindfleischmischung bedecken. Mit Nüssen bestreuen.

ZEDERNHOLZFILETS MIT ASIATISCHEM SALAT UND KRAUTSALAT

EINGEWEICHT:1 Stunde Zubereitungszeit: 40 Minuten Grillzeit: 13 Minuten Ruhezeit: 10 Minuten ergibt: 4 Portionen.

CHINAKOHL WIRD MANCHMAL CHINAKOHL GENANNT. ES HAT SCHÖNE, CREMIG-CREMIGE BLÄTTER MIT LEUCHTEND GELBGRÜNEN SPITZEN. ES HAT EINEN ZARTEN, MILDEN GESCHMACK UND EINE MILDE TEXTUR – GANZ ANDERS ALS DIE WACHSARTIGEN BLÄTTER DES RUNDKOHLS – UND IST, WAS NICHT ÜBERRASCHEND IST, EIN NATÜRLICHER BESTANDTEIL ASIATISCHER GERICHTE.

1 großes Zedernbrett
¼ Unze getrocknete Shiitake-Pilze
¼ Tasse Walnussöl
2 Teelöffel frisch gehackter Ingwer
2 Teelöffel gemahlener roter Pfeffer
1 Teelöffel zerstoßene Szechuan-Pfefferkörner
¼ Teelöffel Fünf-Gewürze-Pulver
4 Knoblauchzehen, gehackt
4 4 bis 5 Unzen schwere Rindersteaks, ¾ bis 1 Zoll dick geschnitten
Asiatischer Krautsalat (sieheRezept, untere)

1. Legen Sie das Grillbrett ins Wasser; Senken Sie das Gewicht und lassen Sie es mindestens 1 Stunde lang einweichen.

2. In der Zwischenzeit für den asiatischen Slather in einer kleinen Schüssel kochendes Wasser über die getrockneten Shiitake-Pilze gießen; Lassen Sie es 20 Minuten lang ruhen, um es zu rehydrieren. Die Pilze abtropfen lassen

und in eine Küchenmaschine geben. Walnussöl, Ingwer, zerkleinerten roten Pfeffer, Szechuan-Pfefferkörner, Fünf-Gewürze-Pulver und Knoblauch hinzufügen. Abdecken und verarbeiten, bis die Pilze gehackt und die Zutaten vermischt sind; beiseite legen.

3. Entleeren Sie das Grillbrett. Ordnen Sie bei einem Holzkohlegrill mittelheiße Kohlen rund um den Grill an. Legen Sie das Grillbrett direkt über die Kohlen. Abdecken und 3 bis 5 Minuten grillen, oder bis das Brett zu knistern und zu rauchen beginnt. Legen Sie die Steaks direkt über die Kohlen auf den Grill. 3 bis 4 Minuten grillen oder bis es geröstet ist. Legen Sie die Steaks mit der angebratenen Seite nach oben auf ein Schneidebrett. Legen Sie das Brett in die Mitte des Grills. Den Asian Slather auf die Steaks verteilen. Abdecken und 10 bis 12 Minuten grillen, oder bis ein sofort ablesbares Thermometer, das horizontal in die Steaks eingeführt wird, 130 °F anzeigt. (Bei einem Gasgrill heizen Sie den Grill vor. Reduzieren Sie die Hitze auf mittlere Stufe. Legen Sie das abgetropfte Brett auf den Grill. Abdecken und 3 bis 5 Minuten grillen oder bis das Brett zu knistern und zu rauchen beginnt. Legen Sie die Steaks für 3 bis 4 Minuten auf den Grill oder bis sie gar sind. Legen Sie die Steaks mit der angebratenen Seite nach oben auf ein Schneidebrett. Stellen Sie den Grill auf indirektes Garen ein; Legen Sie das Steakbrett über den ausgeschalteten Brenner. Den Teig auf die Steaks verteilen. Abdecken und 10 bis 12 Minuten grillen oder bis ein sofort ablesbares Thermometer, das horizontal in die Steaks eingeführt wird, 130 °F anzeigt.) Den Teig auf die Steaks verteilen. Abdecken und 10 bis 12 Minuten grillen oder bis ein sofort ablesbares Thermometer, das

horizontal in die Steaks eingeführt wird, 130 °F anzeigt.) Den Teig auf die Steaks verteilen. Abdecken und 10 bis 12 Minuten grillen oder bis ein sofort ablesbares Thermometer, das horizontal in die Steaks eingeführt wird, 130 °F anzeigt.)

4. Nehmen Sie die Steaks vom Grill. Decken Sie die Steaks locker mit Folie ab. 10 Minuten ruhen lassen. Schneiden Sie die Steaks in ¼ Zoll dicke Scheiben. Steak über asiatischem Salat servieren.

Asiatischer Salat: In einer großen Schüssel 1 mittelgroßen Chinakohl, in dünne Scheiben geschnitten, vermischen; 1 Tasse fein geriebener Rotkohl; 2 Karotten, geschält und in Julienne-Streifen geschnitten; 1 rote oder gelbe Paprika, entkernt und in sehr dünne Scheiben geschnitten; 4 Steinpilze, in dünne Scheiben geschnitten; 1 bis 2 Serrano-Paprika, entkernt und gehackt (siehe Spitze); 2 Esslöffel gehackter Koriander; und 2 Esslöffel gehackte Minze. Für das Dressing in einer Küchenmaschine oder einem Mixer 3 Esslöffel frischen Zitronensaft, 1 Esslöffel frisch geriebenen Ingwer, 1 gehackte Knoblauchzehe und ⅛ Teelöffel Fünf-Gewürze-Pulver vermischen. Abdecken und glatt rühren. Bei laufendem Prozessor nach und nach ½ Tasse Walnussöl hinzufügen und glatt rühren. 1 Zwiebel, in dünne Scheiben geschnitten, zum Dressing geben. Über den Krautsalat träufeln und vermischen.

GEBRATENE TRI-TIP-STEAKS MIT BLUMENKOHL-PEPERONATA

AUSBILDUNG:25 Minuten Kochzeit: 25 Minuten ergeben: 2 Portionen

PEPERONATA IST TRADITIONELL EIN LANGSAM GERÖSTETES RAGOUTAUS PAPRIKA MIT ZWIEBELN, KNOBLAUCH UND KRÄUTERN. DIESE SCHNELL SAUTIERTE VERSION – MIT BLUMENKOHL DICKER GEMACHT – EIGNET SICH SOWOHL ALS RELISH ALS AUCH ALS BEILAGE.

2 4 bis 6 Unzen schwere Tri-Tip-Steaks, ¾ bis 1 Zoll dick geschnitten

¾ Teelöffel schwarzer Pfeffer

2 Esslöffel natives Olivenöl extra

2 rote und/oder gelbe Paprika, entkernt und in Scheiben geschnitten

1 Schalotte, in dünne Scheiben geschnitten

1 Teelöffel mediterranes Gewürz (sieheRezept)

2 Tassen kleine Blumenkohlröschen

2 Esslöffel Balsamico-Essig

2 Teelöffel frisch gehackter Thymian

1. Steaks mit Papiertüchern trocken tupfen. Steaks mit ¼ Teelöffel schwarzem Pfeffer bestreuen. In einer großen Pfanne 1 Esslöffel Öl bei mittlerer bis hoher Hitze erhitzen. Steaks in die Pfanne geben; Hitze auf mittlere Stufe reduzieren. Kochen Sie die Steaks 6 bis 9 Minuten lang auf mittlerer Rarität (145 °F) und wenden Sie sie gelegentlich. (Wenn das Fleisch zu schnell braun wird, reduzieren Sie die Hitze.) Nehmen Sie die Steaks aus der Pfanne; Zum Warmhalten locker mit Folie abdecken.

2. Für die Peperonata den restlichen 1 Esslöffel Öl in die Pfanne geben. Paprika und Schalotten hinzufügen. Mit

mediterranen Gewürzen bestreuen. Bei mittlerer Hitze etwa 5 Minuten kochen lassen oder bis die Paprika weich sind, dabei gelegentlich umrühren. Blumenkohl, Balsamico-Essig, Thymian und den restlichen halben Teelöffel schwarzen Pfeffer hinzufügen. Abdecken und 10 bis 15 Minuten kochen lassen oder bis der Blumenkohl weich ist, dabei gelegentlich umrühren. Die Steaks wieder in die Pfanne geben. Die Peperonata-Mischung auf die Steaks legen. Sofort servieren.

STEAKS HABEN POIVRE MIT DIJON-PILZEN

AUSBILDUNG:15 Minuten Garzeit: 20 Minuten ergeben: 4 Portionen

DIESES FRANZÖSISCH INSPIRIERTE STEAK MIT PILZSAUCEES KANN IN ETWAS MEHR ALS 30 MINUTEN AUF DEM TISCH STEHEN UND IST SOMIT EINE GUTE WAHL FÜR EINE SCHNELLE MAHLZEIT UNTER DER WOCHE.

STEAK

- 3 Esslöffel natives Olivenöl extra
- 1 Kilo kleine Spargelstangen, geputzt
- 4 6-Unzen-Flacheisensteaks (Rinderlende ohne Knochen)*
- 2 Esslöffel frisch gehackter Rosmarin
- 1½ Teelöffel gemahlener schwarzer Pfeffer

SOS

- 8 Unzen geschnittene frische Pilze
- 2 Knoblauchzehen, gehackt
- ½ Tasse Rinderknochenbrühe (siehe Rezept)
- ¼ Tasse trockener Weißwein
- 1 Esslöffel Senf nach Dijon-Art (siehe Rezept)

1. 1 Esslöffel Öl in einer großen Pfanne bei mittlerer bis hoher Hitze erhitzen. Den Spargel hinzufügen; 8 bis 10 Minuten kochen lassen oder bis sie knusprig sind, dabei die Stangen gelegentlich wenden, um ein Anbrennen zu vermeiden. Den Spargel auf einen Teller geben; Zum Warmhalten mit Folie abdecken.

2. Die Steaks mit Rosmarin und Pfeffer bestreuen; mit den Fingern reiben. In derselben Pfanne die restlichen 2 Esslöffel Öl bei mittlerer bis hoher Hitze erhitzen. Steaks

hinzufügen; Hitze auf mittlere Stufe reduzieren. 8 bis 12 Minuten bei mittlerer Rarität (145 °F) garen, dabei das Fleisch gelegentlich wenden. (Wenn das Fleisch zu schnell braun wird, reduzieren Sie die Hitze.) Nehmen Sie das Fleisch aus der Pfanne und bewahren Sie die Bratenfette auf. Decken Sie die Steaks locker mit Folie ab, um sie warm zu halten.

3. Für die Soße die Pilze und den Knoblauch in Tropfen in die Pfanne geben; kochen, bis es weich ist, dabei ab und zu umrühren. Brühe, Wein und Dijon-Senf hinzufügen. Bei mittlerer Hitze kochen und alle braunen Stücke vom Boden der Pfanne abkratzen. Zum Kochen bringen; noch 1 Minute kochen lassen.

4. Den Spargel auf vier Teller verteilen. Mit Steaks belegen; Soße über die Steaks löffeln.

*Hinweis: Wenn Sie keine 6-Unzen-Flacheisensteaks finden, kaufen Sie zwei 8- bis 12-Unzen-Steaks und schneiden Sie sie in zwei Hälften, um vier Steaks zu erhalten.

GEGRILLTE FLAT IRON STEAKS MIT KARAMELLISIERTEN ZWIEBELN, DAZU CHIPOTLE UND SALSASALAT

AUSBILDUNG:30 Minuten marinieren: 2 Stunden backen: 20 Minuten abkühlen: 20 Minuten grillen: 45 Minuten ergibt: 4 Portionen

FLAT IRON STEAK IST EIN RELATIV NEUES STEAKDER SCHNITT WURDE ERST VOR WENIGEN JAHREN ENTWICKELT. AUS DEM AROMATISCHEN FUTTERBEREICH NEBEN DEM SCHULTERBLATT GESCHNITTEN, IST ES ÜBERRASCHEND ZART UND SCHMECKT VIEL TEURER ALS ES IST, WAS WAHRSCHEINLICH SEINEN RASCHEN ANSTIEG DER BELIEBTHEIT ERKLÄRT.

STEAK

- ⅓ Tasse frischer Zitronensaft
- ¼ Tasse natives Olivenöl extra
- ¼ Tasse grob gehackter Koriander
- 5 Knoblauchzehen, gehackt
- 4 6-Unzen-Flacheisensteaks (Rinderfilet ohne Knochen).

SALSA-SALAT

- 1 kernlose (englische) Gurke (auf Wunsch geschält), gewürfelt
- 1 Tasse geviertelte Traubentomaten
- ½ Tasse gewürfelte rote Zwiebel
- ½ Tasse grob gehackter Koriander
- 1 Chili Poblano, entkernt und gewürfelt (siehe Spitze)
- 1 Jalapeño, entkernt und gehackt (siehe Spitze)
- 3 Esslöffel frischer Zitronensaft
- 2 Esslöffel natives Olivenöl extra

KARAMELLISIERTE ZWIEBELN

- 2 Esslöffel natives Olivenöl extra

2 große süße Zwiebeln (z. B. Maui, Vidalia, Texas Sweet oder Walla Walla)
½ Teelöffel gemahlener Chipotle-Pfeffer

1. Für Steaks legen Sie die Steaks in einen wiederverschließbaren Plastikbeutel in eine flache Schüssel. beiseite legen. In einer kleinen Schüssel Zitronensaft, Öl, Koriander und Knoblauch vermischen. über abgepackte Steaks gießen. Versiegelter Beutel; Geh zurück zum Mantel. 2 Stunden im Kühlschrank marinieren.

2. Für den Salat Gurke, Tomate, Zwiebel, Koriander, Poblano und Jalapeño in einer großen Schüssel vermischen. Zum Kombinieren umrühren. Für das Dressing Zitronensaft und Olivenöl in einer kleinen Schüssel vermischen. Dressing über das Gemüse träufeln; werfen, um zu bedecken. Abdecken und bis zum Servieren im Kühlschrank aufbewahren.

3. Für Zwiebeln den Ofen auf 200 °C vorheizen. Die Innenseite eines Schmortopfs mit etwas Olivenöl bestreichen; beiseite legen. Schneiden Sie die Zwiebel der Länge nach in zwei Hälften, entfernen Sie die Schale und schneiden Sie sie dann quer in ¼ Zoll dicke Scheiben. Im Schmortopf das restliche Olivenöl, die Zwiebel und den Chipotle-Pfeffer vermischen. Abdecken und 20 Minuten backen. Abdecken und etwa 20 Minuten abkühlen lassen.

4. Geben Sie die abgekühlten Zwiebeln in einen Foliengrillbeutel oder wickeln Sie die Zwiebeln in doppelt dicke Folie ein. Mit einem Spieß die Oberseite der Folie an mehreren Stellen einstechen.

5. Ordnen Sie bei einem Holzkohlegrill mittelheiße Kohlen rund um den Grill an. Testen Sie, ob in der Mitte des Grills mittlere Hitze herrscht. Legen Sie das Paket in die Mitte des Grills. Abdecken und etwa 45 Minuten grillen, bis die Zwiebeln weich und bernsteinfarben sind. (Bei einem Gasgrill heizen Sie den Grill vor. Reduzieren Sie die Hitze auf mittlere Stufe. Stellen Sie ihn auf indirektes Grillen ein. Legen Sie das Päckchen über den ausgeschalteten Brenner. Decken Sie den Grill auch wie angegeben ab.)

6. Die Steaks aus der Marinade nehmen; Werfen Sie die Marinade weg. Bei einem Holzkohle- oder Gasgrill legen Sie die Steaks bei mittlerer bis hoher Hitze direkt auf den Grill. Abdecken und 8 bis 10 Minuten grillen oder bis ein sofort ablesbares Thermometer, das horizontal in die Steaks eingeführt wird, 135 °F anzeigt, dabei einmal umdrehen. Die Steaks auf einen Teller legen, leicht mit Folie abdecken und 10 Minuten ruhen lassen.

7. Zum Servieren die Salsa auf vier Servierteller verteilen. Legen Sie ein Steak auf jeden Teller und legen Sie einen Hügel karamellisierter Zwiebeln darauf. Sofort servieren.

Zubereitungshinweise: Die Salsa kann bis zu 4 Stunden vor dem Servieren zubereitet und gekühlt werden.

GEGRILLTES RIBEYE-STEAK MIT ZWIEBELN UND KNOBLAUCH-BUTTER

AUSBILDUNG:10 Minuten Kochen: 12 Minuten Abkühlen: 30 Minuten Grillen: 11 Minuten ergibt: 4 Portionen

DIE HITZE DER GERADE GEGRILLTEN STEAKS SCHMILZTBERGE AUS KARAMELLISIERTEN ZWIEBELN, KNOBLAUCH UND KRÄUTERN, SUSPENDIERT IN EINER REICHHALTIGEN MISCHUNG AUS KOKOSÖL UND OLIVENÖL.

2 Esslöffel unraffiniertes Kokosöl

1 kleine Zwiebel, halbiert und in sehr dünne Scheiben geschnitten (ca. ¾ Tasse)

1 Knoblauchzehe, sehr dünn geschnitten

2 Esslöffel natives Olivenöl extra

1 Esslöffel frisch gehackte Petersilie

2 Teelöffel frisch gehackter Thymian, Rosmarin und/oder Oregano

4 8 bis 10 Unzen schwere Rindersteaks, 1 Zoll dick geschnitten

½ Teelöffel frisch gemahlener schwarzer Pfeffer

1. In einer mittelgroßen Pfanne das Kokosöl bei schwacher Hitze schmelzen. Zwiebel hinzufügen; 10 bis 15 Minuten kochen lassen oder bis es leicht gebräunt ist, dabei gelegentlich umrühren. Den Knoblauch hinzufügen; Weitere 2 bis 3 Minuten kochen, bis die Zwiebeln goldbraun sind, dabei gelegentlich umrühren.

2. Geben Sie die Zwiebelmischung in eine kleine Schüssel. Olivenöl, Petersilie und Thymian unterrühren. 30 Minuten lang ohne Deckel in den Kühlschrank stellen oder bis die Mischung fest genug ist, um sie beim Herausnehmen einarbeiten zu können, dabei gelegentlich umrühren.

3. In der Zwischenzeit die Steaks mit Pfeffer bestreuen. Bei einem Holzkohle- oder Gasgrill legen Sie die Steaks bei mittlerer Hitze direkt auf den Grill. Abdecken und für 11 bis 15 Minuten bei mittlerer Rarität (145 °F) oder 14 bis 18 Minuten bei mittlerer Röstung (160 °F) grillen, dabei nach der Hälfte der Grillzeit einmal wenden.

4. Zum Servieren jedes Steak auf eine Servierplatte legen. Die Zwiebelmischung sofort gleichmäßig über die Steaks verteilen.

RIPPCHENSALAT MIT GEGRILLTEN RÜBEN

AUSBILDUNG:20 Minuten Grillzeit: 55 Minuten Ruhezeit: 5 Minuten ergibt: 4 Portionen

DER ERDIGE GESCHMACK DER RÜBEN PASST WUNDERBAR DAZUMIT DER SÜßE VON ORANGEN UND GERÖSTETEN PEKANNÜSSEN VERLEIHEN DIESEM HAUPTGERICHT-SALAT ETWAS KNUSPRIGKEIT, DER SICH PERFEKT ZUM ESSEN IM FREIEN AN EINEM WARMEN SOMMERABEND EIGNET.

1 Kilo mittelrote und/oder goldene Rote Bete, geschält, geputzt und in Scheiben geschnitten

1 kleine Zwiebel, in dünne Scheiben geschnitten

2 Zweige frischer Thymian

1 Esslöffel natives Olivenöl extra

Gebrochener schwarzer Pfeffer

2 8-Unzen-Rindersteaks ohne Knochen, ¾ Zoll dick geschnitten

2 Knoblauchzehen, halbiert

2 Esslöffel mediterrane Gewürze (siehe Rezept)

6 Tassen gemischtes Grün

2 Orangen, geschält, in Scheiben geschnitten und grob gehackt

½ Tasse gehackte Pekannüsse, geröstet (siehe Spitze)

½ Tasse helle Zitrusvinaigrette (siehe Rezept)

1. Legen Sie die Rote-Bete-, Zwiebel- und Thymianzweige in eine Alufolie. Mit Öl beträufeln und vermengen. Leicht mit gemahlenem schwarzem Pfeffer bestreuen. Bei einem Holzkohle- oder Gasgrill stellen Sie die Pfanne in die Mitte des Grills. Abdecken und 55 bis 60 Minuten grillen oder bis es weich ist, wenn man es mit einem Messer anstickt, dabei gelegentlich umrühren.

2. In der Zwischenzeit beide Seiten des Steaks mit den Schnittflächen des Knoblauchs einreiben; Mit mediterranen Gewürzen bestreuen.

3. Bewegen Sie die Rüben aus der Mitte des Grills, um Platz für das Steak zu schaffen. Die Steaks direkt bei mittlerer Hitze grillen. Abdecken und für 11 bis 15 Minuten bei mittlerer Rarität (145 °F) oder 14 bis 18 Minuten bei mittlerer Röstung (160 °F) grillen, dabei nach der Hälfte der Grillzeit einmal wenden. Nehmen Sie die Alufolie und die Steaks vom Grill. Lassen Sie die Steaks 5 Minuten ruhen. Entsorgen Sie die Thymianzweige aus der Folienschale.

4. Das dünne Steak schräg in mundgerechte Stücke schneiden. Das Gemüse auf vier Servierteller verteilen. Mit geschnittenem Steak, Rüben, Zwiebelscheiben, gehackten Orangen und Pekannüssen belegen. Mit heller Zitrusvinaigrette beträufeln.

KURZE RIPPCHEN NACH KOREANISCHER ART MIT SAUTIERTEM INGWERKOHL

AUSBILDUNG:50 Minuten kochen: 25 Minuten backen: 10 Stunden kühlen: über Nacht ergibt: 4 Portionen

STELLEN SIE SICHER, DASS DER DECKEL IHRES DUTCH OVEN GESCHLOSSEN ISTES SITZT SEHR FEST, SODASS DIE KOCHFLÜSSIGKEIT WÄHREND DER SEHR LANGEN KOCHZEIT NICHT DURCH EINEN SPALT ZWISCHEN DECKEL UND TOPF VOLLSTÄNDIG VERDUNSTET.

1 Unze getrocknete Shiitake-Pilze

1½ Tassen Tee in Scheiben schneiden

1 asiatische Birne, geschält, entkernt und gehackt

1 3-Zoll-Stück frischer Ingwer, geschält und gehackt

1 Serrano-Pfeffer, fein gehackt (nach Wunsch entkernt) (sieheSpitze)

5 Knoblauchzehen

1 Esslöffel raffiniertes Kokosöl

5 Pfund kurze Rinderrippchen mit Knochen

Frisch gemahlener schwarzer Pfeffer

4 Tassen Rinderknochenbrühe (sieheRezept) oder ungesalzene Rinderbrühe

2 Tassen geschnittene frische Shiitake-Pilze

1 Esslöffel fein gehackte Orangenschale

⅓ Tasse frischer Saft

Sautierter Ingwerkohl (sieheRezept, untere)

Fein gehackte Orangenschale (optional)

1. Den Ofen auf 325 °F vorheizen. Getrocknete Shiitake-Pilze in eine kleine Schüssel geben; Fügen Sie so viel kochendes Wasser hinzu, dass es bedeckt ist. Etwa 30 Minuten ruhen lassen oder bis es rehydriert und weich ist. Abgießen und

die Einweichflüssigkeit auffangen. Die Pilze fein hacken. Pilze in eine kleine Schüssel geben; abdecken und im Kühlschrank aufbewahren, bis es in Schritt 4 benötigt wird. Pilze und Flüssigkeit beiseite stellen.

2. Für die Soße Zwiebel, asiatische Birne, Ingwer, Serrano, Knoblauch und Pilzeinweichflüssigkeit in einer Küchenmaschine vermischen. Abdecken und glatt rühren. Die Soße beiseite stellen.

3. Erhitzen Sie das Kokosöl in einem 6-Liter-Schmortopf bei mittlerer bis hoher Hitze. Bestreuen Sie die kurzen Rippen mit frisch gemahlenem schwarzem Pfeffer. Die Rippchen portionsweise in heißem Kokosöl etwa 10 Minuten garen oder bis sie von allen Seiten gut gebräunt sind, dabei nach der Hälfte der Garzeit wenden. Alle Rippchen wieder in den Topf geben; Soße und Rinderknochenbrühe hinzufügen. Decken Sie den Dutch Oven mit einem dicht schließenden Deckel ab. Etwa 10 Stunden lang backen oder bis das Fleisch sehr zart ist und vom Knochen fällt.

4. Die Rippchen vorsichtig aus der Sauce nehmen. Rippchen und Soße in separate Schüsseln geben. Abdecken und über Nacht kühl stellen. Nach dem Abkühlen das Fett von der Saucenoberfläche abschöpfen und wegwerfen. Soße bei starker Hitze zum Kochen bringen; Fügen Sie die eingeweichten Pilze aus Schritt 1 und die frischen Pilze hinzu. 10 Minuten leicht kochen lassen, um die Sauce zu reduzieren und die Aromen zu intensivieren. Geben Sie die Rippchen wieder in die Soße. kochen, bis es durchgeheizt ist. Mischen Sie 1 Esslöffel Orangenschale

und Orangensaft. Mit sautiertem Ingwerkohl servieren. Nach Belieben mit zusätzlicher Orangenschale bestreuen.

Sautierter Ingwerkohl: In einer großen Pfanne 1 Esslöffel raffiniertes Kokosöl bei mittlerer bis hoher Hitze erhitzen. Fügen Sie 2 Esslöffel frisch gehackten Ingwer hinzu; 2 Knoblauchzehen, gehackt; und gemahlener roter Pfeffer nach Geschmack. Etwa 30 Sekunden lang kochen und umrühren, bis es duftet. Fügen Sie 6 Tassen zerkleinerten Chinakohl oder Grünkohl und 1 asiatische Birne hinzu, geschält, entkernt und in dünne Scheiben geschnitten. 3 Minuten kochen und rühren, bis der Kohl leicht zusammenfällt und die Birne weich wird. ½ Tasse ungesüßten Apfelsaft einrühren. Abdecken und etwa 2 Minuten kochen lassen, bis der Kohl weich ist. Mischen Sie eine halbe Tasse geschnittenen Tee und 1 Esslöffel Sesam.

RINDERRIPPCHEN MIT ZITRUS-FENCHEL-GREMOLATA

AUSBILDUNG:40 Minuten Grillen: 8 Minuten Schongaren: 9 Stunden (niedrig) oder 4½ Stunden (hoch) ergibt: 4 Portionen

GREMOLATA IST EINE AROMATISCHE MISCHUNGAUS PETERSILIE, KNOBLAUCH UND ZITRONENSCHALE, DIE AUF OSSO BUCCO – DAS KLASSISCHE ITALIENISCHE KALBSGESCHMORTES GERICHT – GESTREUT WIRD, UM SEINEN REICHHALTIGEN, BUTTRIGEN GESCHMACK ZUR GELTUNG ZU BRINGEN. MIT ORANGENSCHALE UND FEDERFRISCHEN FENCHELBLÄTTERN VERFEINERT, ERGIBT ES DASSELBE FÜR DIESE ZARTEN RINDERRIPPCHEN.

RIPPEN

2½ bis 3 Pfund kurze Rinderrippchen mit Knochen

3 Esslöffel Zitronen-Kräuter-Gewürz (sieheRezept)

1 mittelgroße Fenchelknolle

1 große Zwiebel, in große Scheiben schneiden

2 Tassen Rinderknochenbrühe (sieheRezept) oder ungesalzene Rinderbrühe

2 Knoblauchzehen, halbiert

KÜRBIS IN DER PFANNE

3 Esslöffel natives Olivenöl extra

1 Pfund Butternusskürbis, geschält, entkernt und in ½-Zoll-Stücke geschnitten (ca. 2 Tassen)

4 Teelöffel frisch gehackter Thymian

Natives Olivenöl extra

GREMOLATA

¼ Tasse gehackte frische Petersilie

2 Esslöffel gehackter Knoblauch

1½ TL fein abgeriebene Zitronenschale

1½ Teelöffel fein gehackte Orangenschale

1. Kurze Rippchen mit Zitronengewürz und Kräutern bestreuen; Reiben Sie das Fleisch vorsichtig mit den Fingern. beiseite legen. Entfernen Sie die Blätter vom Fenchel; Für Citrus-Fenchel-Gremolata beiseite legen. Die Fenchelknolle schneiden und vierteln.

2. Bei einem Holzkohlegrill legen Sie mittelheiße Kohlen auf eine Seite des Grills. Testen Sie den Grill auf mittlere Hitze ohne Kohlen. Legen Sie die kurzen Rippchen auf die Seite ohne Kohlen auf den Grill; Legen Sie Fenchelviertel und Zwiebelscheiben direkt über die Kohlen auf den Grill. Abdecken und 8 bis 10 Minuten grillen oder bis das Gemüse und die Rippchen gerade gebräunt sind, dabei nach der Hälfte der Garzeit einmal wenden. (Bei einem Gasgrill heizen Sie den Grill vor und reduzieren die Hitze auf mittlere Stufe. Stellen Sie ihn auf indirektes Garen ein. Legen Sie die Rippchen auf den Grill über dem ausgeschalteten Brenner; legen Sie Fenchel und Zwiebeln auf den Grill über den eingeschalteten Brenner. Decken Sie den Grill ebenfalls wie angegeben ab.) Wann ist kühl genug zum Anfassen, Fenchel und Zwiebel grob hacken.

3. In einem 5- bis 6-Liter-Topf den gehackten Fenchel und die Zwiebel, die Rinderknochenbrühe und den Knoblauch vermischen. Rippchen hinzufügen. Abdecken und 9 bis 10 Stunden auf niedriger Stufe oder 4½ bis 5 Stunden bei hoher Hitze garen. Übertragen Sie die Rippchen mit einem Schaumlöffel auf eine Platte. Zum Warmhalten mit Folie abdecken.

4. In der Zwischenzeit für den Kürbis 3 Esslöffel Öl in einer großen Pfanne bei mittlerer bis hoher Hitze erhitzen.

Fügen Sie den Kürbis und 3 Teelöffel Thymian hinzu und rühren Sie um, um den Kürbis zu bedecken. Den Kürbis in einer einzigen Schicht in der Pfanne anrichten und ohne Rühren ca. 3 Minuten garen, bis die Unterseite gebräunt ist. Kürbisstücke umdrehen; Weitere ca. 3 Minuten garen oder bis die zweite Seite gebräunt ist. Reduzieren Sie die Hitze auf einen niedrigen Wert. abdecken und 10 bis 15 Minuten kochen lassen oder bis es weich ist. Mit dem restlichen 1 Teelöffel frischem Thymian bestreuen; Mit nativem Olivenöl extra beträufeln.

5. Für die Gremolata so viele zurückbehaltene Fenchelblätter fein hacken, dass eine Viertel Tasse entsteht. In einer kleinen Schüssel die gehackten Fenchelblätter, Petersilie, Knoblauch, Zitronenschale und Orangenschale vermischen.

6. Die Gremolata über die Rippchen streuen. Mit Zucchini servieren.

RINDFLEISCHPASTETCHEN NACH SCHWEDISCHER ART MIT SENF UND GURKENSALAT

AUSBILDUNG:30 Minuten Kochzeit: 15 Minuten ergeben: 4 Portionen

RINDFLEISCH À LA LINDSTROM IST EIN SCHWEDISCHER HAMBURGERDAS TRADITIONELL MIT ZWIEBELN, KAPERN UND EINGELEGTEN RÜBEN GESPICKT IST UND MIT SOßE UND OHNE BRÖTCHEN SERVIERT WIRD. DIESE MIT PIMENT ANGEREICHERTE VERSION ERSETZT GERÖSTETE RÜBEN DURCH EINGELEGTE RÜBEN UND SALZHALTIGE KAPERN UND WIRD MIT EINEM SPIEGELEI BELEGT.

GURKENSALAT

2 Teelöffel frischer Orangensaft

2 Teelöffel Weißweinessig

1 Teelöffel Dijon-Senf (sieheRezept)

1 Esslöffel natives Olivenöl extra

1 große kernlose (englische) Gurke, geschält und in Scheiben geschnitten

2 Teelöffel geschnittener Tee

1 Esslöffel frisch gehackter Dill

LEBENSKOSTEN

1 kg Hackfleisch

¼ Tasse fein gehackte Zwiebel

1 Esslöffel Senf nach Dijon-Art (sieheRezept)

¾ Teelöffel schwarzer Pfeffer

½ Teelöffel gemahlener Piment

½ kleine Rote Bete, geröstet, geschält und fein gehackt*

2 Esslöffel natives Olivenöl extra

½ Tasse Rinderknochenbrühe (sieheRezept) oder ungesalzene Rinderbrühe

4 große Eier

1 Esslöffel fein gehackter Schnittlauch

1. Für den Gurkensalat in einer großen Schüssel Orangensaft, Essig und Dijon-Senf verrühren. Olivenöl langsam in einem dünnen Strahl hinzufügen und verrühren, bis das Dressing leicht eindickt. Gurke, Zwiebel und Dill hinzufügen; mischen, bis alles gut vermischt ist. Abdecken und bis zum Servieren im Kühlschrank aufbewahren.

2. Für die Rinderfleischbällchen in einer großen Schüssel Rinderhackfleisch, Zwiebeln, Dijon-Senf, Pfeffer und Piment vermischen. Fügen Sie die gerösteten Rüben hinzu und rühren Sie vorsichtig um, bis sie gleichmäßig in das Fleisch eingearbeitet sind. Aus der Mischung vier ½ Zoll dicke Pastetchen formen.

3. In einer großen Pfanne 1 Esslöffel Olivenöl bei mittlerer bis hoher Hitze erhitzen. Braten Sie die Fleischbällchen etwa 8 Minuten lang oder bis sie außen gebräunt und durchgegart sind (160°), dabei einmal wenden. Die Fleischbällchen auf einen Teller geben und zum Warmhalten mit Folie abdecken. Fügen Sie Rinderknochenbrühe hinzu und rühren Sie um, um alle gebräunten Stücke vom Boden der Pfanne abzukratzen. Etwa 4 Minuten kochen lassen oder bis es auf die Hälfte reduziert ist. Die Fleischbällchen mit reduziertem Bratensaft beträufeln und wieder locker abdecken.

4. Spülen Sie die Pfanne aus und wischen Sie sie mit einem Papiertuch ab. Den restlichen 1 Esslöffel Olivenöl bei mittlerer Hitze erhitzen. Braten Sie die Eier im heißen Öl 3 bis 4 Minuten lang oder bis das Eiweiß gar ist, das Eigelb aber noch weich und flüssig ist.

5. Auf jedes Rinderfrikadellen ein Ei legen. Mit Schnittlauch bestreuen und mit Gurkensalat servieren.

*Tipp: Zum Braten die Rüben gut einreiben und auf ein Stück Alufolie legen. Mit etwas Olivenöl beträufeln. In Folie einwickeln und fest verschließen. Im 180 °C heißen Ofen etwa 30 Minuten lang rösten oder bis eine Gabel leicht in die Rüben eindringt. Lass es abkühlen; rutschen Sie die Haut ab. (Rüben können bis zu 3 Tage im Voraus geröstet werden. Geschälte geröstete Rüben fest einwickeln und im Kühlschrank aufbewahren.)

GESCHMORTE RINDFLEISCHBURGER AUF RUCOLA MIT GERÖSTETEN WURZELN

AUSBILDUNG:40 Minuten Kochen: 35 Minuten Braten: 20 Minuten ergibt: 4 Portionen

ES GIBT VIELE ELEMENTEZU DIESEN HERZHAFTEN BURGERN – DEREN ZUBEREITUNG EINE WEILE DAUERT – ABER DIE UNGLAUBLICHE GESCHMACKSKOMBINATION IST DIE MÜHE WERT: EIN FLEISCHIGER BURGER WIRD MIT KARAMELLISIERTEN ZWIEBELN UND PILZSAUCE BELEGT UND MIT GERÖSTETEM SÜßEM GEMÜSE UND PFEFFER SERVIERT. WILLENSSTARK

- 5 Esslöffel natives Olivenöl extra
- 2 Tassen Champignons, Cremini und/oder geschnittene frische Shiitake-Pilze
- 3 gelbe Zwiebeln, in dünne Scheiben geschnitten*
- 2 Teelöffel Kreuzkümmelsamen
- 3 Karotten, geschält und in 2,5 cm große Stücke geschnitten
- 2 Pastinaken, geschält und in 2,5 cm große Stücke geschnitten
- 1 Eichelkürbis, halbiert, entkernt und in Scheiben geschnitten
- Frisch gemahlener schwarzer Pfeffer
- 2 kg Hackfleisch
- ½ Tasse fein gehackte Zwiebel
- 1 Esslöffel salzfreie Allzweck-Gewürzmischung
- 2 Tassen Rinderknochenbrühe (siehe Rezept) oder ungesalzene Rinderbrühe
- ¼ Tasse ungesüßter Apfelsaft
- 1 bis 2 Esslöffel trockener Sherry- oder Weißweinessig
- 1 Esslöffel Senf nach Dijon-Art (siehe Rezept)
- 1 Esslöffel frisch gehackte Thymianblätter
- 1 Esslöffel frisch gehackte Petersilienblätter
- 8 Tassen Rucolablätter

1. Den Ofen auf 200 °C (425 °F) vorheizen. Für die Soße in einer großen Pfanne 1 Esslöffel Olivenöl bei mittlerer bis hoher Hitze erhitzen. Fügen Sie die Pilze hinzu; kochen und etwa 8 Minuten lang rühren, bis es gut gebräunt und zart ist. Mit einem Schaumlöffel die Pilze auf einen Teller geben. Stellen Sie die Pfanne wieder auf den Brenner. Hitze auf mittlere Stufe reduzieren. Den restlichen 1 Esslöffel Olivenöl, geschnittene Zwiebeln und Kreuzkümmel hinzufügen. Abdecken und 20 bis 25 Minuten kochen lassen oder bis die Zwiebeln sehr weich und gebräunt sind, dabei gelegentlich umrühren. (Passen Sie die Hitze nach Bedarf an, damit die Zwiebel nicht anbrennt.)

2. In der Zwischenzeit für das geröstete Wurzelgemüse die Karotten, Pastinaken und Zucchini auf einem großen Backblech anrichten. Mit 2 Esslöffeln Olivenöl beträufeln und nach Geschmack mit Pfeffer bestreuen; umrühren, um das Gemüse zu bedecken. 20 bis 25 Minuten lang rösten oder bis es weich ist und anfängt zu bräunen, dabei nach der Hälfte der Zeit einmal wenden. Halten Sie das Gemüse bis zum Servieren warm.

3. Für die Burger das Hackfleisch, die fein gehackten Zwiebeln und die Gewürzmischung in einer großen Schüssel vermischen. Teilen Sie die Fleischmischung in vier gleiche Portionen und formen Sie sie zu etwa 0,9 cm dicken Pastetchen. In einer sehr großen Pfanne den restlichen 1 Esslöffel Olivenöl bei mittlerer bis hoher Hitze erhitzen. Burger in die Pfanne geben; etwa 8 Minuten kochen lassen oder bis sie auf beiden Seiten gebräunt sind, dabei einmal wenden. Übertragen Sie die Burger auf einen Teller.

4. Die karamellisierten Zwiebeln, die reservierten Pilze, die Rinderknochenbrühe, den Apfelsaft, den Sherry und den Senf nach Dijon-Art in die Pfanne geben und umrühren. Legen Sie die Burger in die Pfanne. Zum Kochen bringen. Kochen, bis die Burger fertig sind (160 °F), etwa 7 bis 8 Minuten. Nach Belieben frischen Thymian, Petersilie und Pfeffer unterrühren.

5. Zum Servieren je 2 Tassen Rucola auf vier Serviertellern anrichten. Das geröstete Gemüse auf die Salate verteilen und mit den Burgern belegen. Die Zwiebelmischung großzügig auf die Burger geben.

*Tipp: Ein Mandolinenschneider ist sehr hilfreich, wenn man Zwiebeln in dünne Scheiben schneiden möchte.

GEGRILLTE RINDFLEISCHBURGER MIT TOMATEN IN SESAMKRUSTE

AUSBILDUNG:30 Minuten stehen lassen: 20 Minuten grillen: 10 Minuten ergeben: 4 Portionen

KNUSPRIGE, GOLDBRAUNE TOMATENSCHEIBEN MIT SESAMKRUSTEERSETZEN SIE DAS TRADITIONELLE SESAMBRÖTCHEN IN DIESEN RAUCHIGEN BURGERN. SERVIEREN SIE SIE MIT MESSER UND GABEL.

4 ½ Zoll dicke rote oder grüne Tomatenscheiben*
1¼ Pfund mageres Rindfleisch
1 Esslöffel geräuchertes Gewürz (sieheRezept)
1 großes Ei
¾ Tasse Mandelmehl
¼ Tasse Sesamkörner
¼ Teelöffel schwarzer Pfeffer
1 kleine rote Zwiebel, halbiert und in Scheiben geschnitten
1 Esslöffel natives Olivenöl extra
¼ Tasse raffiniertes Kokosöl
1 Bibb-Salat
Paläo-Ketchup (sieheRezept)
Senf nach Dijon-Art (sieheRezept)

1. Legen Sie die Tomatenscheiben auf eine doppelte Lage Papiertücher. Decken Sie die Tomaten mit einer weiteren doppelten Lage Papiertüchern ab. Drücken Sie leicht auf die Papiertücher, damit sie an den Tomaten haften bleiben. 20 bis 30 Minuten bei Zimmertemperatur ruhen lassen, damit etwas vom Tomatensaft aufgenommen wird.

2. In einer großen Schüssel Rinderhackfleisch und geräucherte Gewürze vermischen. Formen Sie vier ½ Zoll dicke Pastetchen.

3. In einer leicht tiefen Schüssel das Ei vorsichtig mit einer Gabel schlagen. In einer weiteren flachen Schüssel Mandelmehl, Sesam und Pfeffer vermischen. Tauchen Sie jede Tomatenscheibe in das Ei und wenden Sie sie, um sie zu bedecken. Lassen Sie das überschüssige Ei abtropfen. Tauchen Sie jede Tomatenscheibe in die Mandelmehlmischung und wenden Sie sie, um sie zu bedecken. Legen Sie die beschichteten Tomaten auf einen flachen Teller. beiseite legen. Die Zwiebelscheiben mit Olivenöl vermischen; Zwiebelscheiben in einen Grillkorb legen.

4. Für einen Holzkohle- oder Gasgrill legen Sie die Zwiebeln in den Korb und die Rinderfleischbällchen bei mittlerer Hitze auf den Grill. Abdecken und 10 bis 12 Minuten braten, bis die Zwiebeln goldbraun und leicht verkohlt sind und die Fleischbällchen fertig sind (160°), dabei die Zwiebeln gelegentlich umrühren und die Fleischbällchen einmal wenden.

5. In der Zwischenzeit das Öl in einer großen Pfanne bei mittlerer Hitze erhitzen. Tomatenscheiben hinzufügen; 8 bis 10 Minuten kochen lassen oder bis sie goldbraun sind, dabei einmal wenden. (Wenn die Tomaten zu schnell bräunen, reduzieren Sie die Hitze auf mittlere bis niedrige Stufe. Fügen Sie bei Bedarf zusätzliches Öl hinzu.) Auf einem mit Küchenpapier ausgelegten Teller abtropfen lassen.

6. Zum Servieren den Salat auf vier Servierteller verteilen. Mit Fleischbällchen, Zwiebeln, Paleo-Ketchup, Dijon-Senf und Tomaten mit Sesamkruste belegen.

*Hinweis: Sie benötigen wahrscheinlich 2 große Tomaten. Wenn Sie rote Tomaten verwenden, wählen Sie Tomaten, die gerade reif, aber noch etwas fest sind.

BURGER AM SPIEß MIT BABA-GHANOUSH-SAUCE

EINGEWEICHT:15 Minuten Zubereitung: 20 Minuten Grillen: 35 Minuten ergibt: 4 Portionen

BABA GHANOUSH IST EINE BROTAUFSTRICHFORM AUS DEM NAHEN OSTENHERGESTELLT AUS GEGRILLTEN, GERÄUCHERTEN AUBERGINEN, PÜRIERT MIT OLIVENÖL, ZITRONE, KNOBLAUCH UND TAHINI, EINER PASTE AUS GEMAHLENEN SESAMKÖRNERN. EINE PRISE SESAMSAMEN IST IN ORDNUNG, ABER WENN SIE ZU EINEM ÖL ODER EINER PASTE VERARBEITET WERDEN, WERDEN SIE ZU EINER KONZENTRIERTEN QUELLE FÜR LINOLSÄURE, DIE ZU ENTZÜNDUNGEN BEITRAGEN KANN. DIE HIER VERWENDETE PINIENKERNBUTTER IST EIN GUTER ERSATZ.

- 4 getrocknete Tomaten
- 1½ Kilo mageres Rindfleisch
- 3 bis 4 Esslöffel fein gehackte Zwiebeln
- 1 Esslöffel fein gehackter frischer Oregano und/oder fein gehackte frische Minze oder ½ Teelöffel getrockneter Oregano, zerstoßen
- ¼ Teelöffel Cayennepfeffer
- Baba Ghanoush-Dip-Sauce (sieheRezept, untere)

1. Acht 10-Zoll-Holzspieße 30 Minuten lang in Wasser einweichen. In der Zwischenzeit in einer kleinen Schüssel kochendes Wasser über die Tomaten gießen; 5 Minuten einwirken lassen, um zu rehydrieren. Lassen Sie die Tomaten abtropfen und tupfen Sie sie mit Papiertüchern trocken.

2. In einer großen Schüssel die gehackten Tomaten, das Rindfleisch, die Zwiebeln, den Oregano und den Cayennepfeffer vermischen. Teilen Sie die Fleischmischung in acht Portionen; Rollen Sie jede Portion zu einer Kugel. Spieße aus dem Wasser nehmen; trocken. Stecken Sie eine Kugel auf einen Spieß und formen Sie ein langes Oval um den Spieß. Beginnen Sie dabei direkt unterhalb der spitzen Spitze und lassen Sie am anderen Ende genügend Platz, um den Spieß festzuhalten. Mit den restlichen Spießen und Kugeln wiederholen.

3. Für einen Holzkohle- oder Gasgrill legen Sie die Rindfleischspieße auf einen Direktgrill bei mittlerer Hitze. Abdecken und etwa 6 Minuten oder bis es fertig ist (160 °F) braten, dabei nach der Hälfte der Zeit einmal wenden. Mit Baba-Ghanoush-Sauce servieren.

Baba Ghanoush-Dip: Zwei mittelgroße Auberginen an mehreren Stellen mit einer Gabel einstechen. Für einen Holzkohle- oder Gasgrill legen Sie die Aubergine bei mittlerer Hitze auf einen Direktgrill. Abdecken und 10 Minuten grillen oder bis es von allen Seiten verkohlt ist, dabei während des Grillens mehrmals wenden. Die Aubergine herausnehmen und vorsichtig in Folie einwickeln. Legen Sie die eingewickelte Aubergine wieder auf den Grill, aber nicht direkt über die Kohlen. Abdecken und weitere 25 bis 35 Minuten grillen, bis es zusammenfällt und sehr zart ist. Cool. Die Aubergine halbieren und das Fruchtfleisch herauskratzen; Geben Sie das Fleisch in eine Küchenmaschine. Fügen Sie ¼ Tasse Pinienkernbutter hinzu (siehe Rezept); ¼ Tasse frischer Zitronensaft; 2 Knoblauchzehen, gehackt; 1 Esslöffel natives Olivenöl extra; 2 bis 3 Esslöffel gehackte frische Petersilie; und ½ Teelöffel gemahlener Kreuzkümmel. Abdecken und verarbeiten, bis es fast glatt ist. Wenn die Soße zum Dippen zu dick ist, rühren Sie so viel Wasser ein, bis die gewünschte Konsistenz erreicht ist.

MIT RAUCH GEFÜLLTE PAPRIKA

AUSBILDUNG:20 Minuten Kochen: 8 Minuten Backen: 30 Minuten ergibt: 4 Portionen

MACHEN SIE DIESEN FAMILIENFAVORITENMIT EINER MISCHUNG AUS BUNTEN GEMÜSEPAPRIKA FÜR EIN ANSPRECHENDES GERICHT. GERÖSTETE TOMATEN SIND EIN GUTES BEISPIEL DAFÜR, WIE MAN SPEISEN AUF GESUNDE WEISE GESCHMACK VERLEIHT. DER EINFACHE VORGANG, TOMATEN VOR DEM EINMACHEN LEICHT ZU VERKOHLEN (OHNE SALZ), VERSTÄRKT IHREN GESCHMACK.

4 große grüne, rote, gelbe und/oder orangefarbene Paprika

1 kg Hackfleisch

1 Esslöffel geräuchertes Gewürz (siehe Rezept)

1 Esslöffel natives Olivenöl extra

1 kleine gelbe Zwiebel, gehackt

3 Knoblauchzehen, gehackt

1 kleiner Blumenkohlkopf, entkernt und in Röschen zerteilt

1 15-Unzen-Dose ohne Salzzusatz, gewürfelte, über dem Feuer geröstete Tomaten, abgetropft

¼ Tasse fein gehackte frische Petersilie

½ Teelöffel schwarzer Pfeffer

⅛ Teelöffel Cayennepfeffer

½ Tasse Nusskrümel-Topping (siehe Rezept, untere)

1. Den Ofen auf 375 °F vorheizen. Die Paprika senkrecht halbieren. Stiele, Samen und Membranen entfernen; Wurf Die Paprikahälften beiseite legen.

2. Rindfleisch in eine mittelgroße Schüssel geben; Mit geräuchertem Gewürz bestreuen. Mischen Sie die Gewürze vorsichtig mit den Händen unter das Fleisch.

3. In einer großen Pfanne Olivenöl bei mittlerer Hitze erhitzen. Fleisch, Zwiebel und Knoblauch hinzufügen; kochen, bis das Fleisch gebräunt und die Zwiebel zart ist, dabei mit einem Holzlöffel umrühren, um das Fleisch aufzulockern. Nehmen Sie die Pfanne vom Herd.

4. Verarbeiten Sie die Blumenkohlröschen in einer Küchenmaschine, bis sie sehr fein gehackt sind. (Wenn Sie keine Küchenmaschine haben, reiben Sie den Blumenkohl auf einer Küchenreibe.) Messen Sie 3 Tassen Blumenkohl ab. Die Rindfleischmischung in die Pfanne geben. (Wenn noch Blumenkohl übrig ist, bewahren Sie ihn für eine andere Verwendung auf.) Fügen Sie die abgetropften Tomaten, Petersilie, schwarzen Pfeffer und Cayennepfeffer hinzu.

5. Füllen Sie die Paprikahälften mit der Hackfleischmischung, füllen Sie sie leicht und umhüllen Sie sie vorsichtig. Die gefüllten Paprikahälften in einer Auflaufform anrichten. 30 bis 35 Minuten backen oder bis die Paprikaschoten knusprig und zart sind.* Mit Pekannussbröseln belegen. Falls gewünscht, vor dem Servieren noch einmal für 5 Minuten in den Ofen stellen, um einen knusprigen Belag zu erhalten.

Walnusskrümel-Topping: In einer mittelgroßen Pfanne 1 Esslöffel natives Olivenöl extra bei mittlerer bis niedriger Hitze erhitzen. Mischen Sie 1 Teelöffel getrockneten Thymian, 1 Teelöffel geräuchertes Paprikapulver und ¼ Teelöffel Knoblauchpulver. Fügen Sie 1 Tasse sehr fein gehackte Walnüsse hinzu. Kochen und rühren Sie etwa 5 Minuten lang oder bis die Nüsse goldbraun und leicht geröstet sind. Fügen Sie ein oder zwei Prise Cayennepfeffer hinzu. Lassen Sie es vollständig abkühlen. Bewahren Sie den restlichen Belag bis zur Verwendung in einem dicht verschlossenen Behälter im Kühlschrank auf. Ergibt 1 Tasse.

*Hinweis: Wenn Sie grüne Paprika verwenden, weitere 10 Minuten backen.

BISON-BURGER MIT CABERNET-ZWIEBELN UND RUCOLA

AUSBILDUNG:30 Minuten Kochen: 18 Minuten Grillen: 10 Minuten ergibt: 4 Portionen

BISON HAT EINEN SEHR GERINGEN FETTGEHALTUND GART 30 BIS 50 % SCHNELLER ALS RINDFLEISCH. FLEISCH BEHÄLT NACH DEM GAREN SEINE ROTE FARBE, DAHER IST DIE FARBE KEIN INDIKATOR FÜR DEN GARGRAD. DA BISON SO MAGER IST, SOLLTE ES NICHT ÜBER EINER INNENTEMPERATUR VON 155 °F GEKOCHT WERDEN.

2 Esslöffel natives Olivenöl extra

2 große süße Zwiebeln, in dünne Scheiben geschnitten

¾ Tasse Cabernet Sauvignon oder anderer trockener Rotwein

1 Teelöffel mediterranes Gewürz (sieheRezept)

¼ Tasse natives Olivenöl extra

¼ Tasse Balsamico-Essig

1 Esslöffel fein gehackte Schalotte

1 Esslöffel frisch gehacktes Basilikum

1 kleine Knoblauchzehe, gehackt

1 Kilogramm gemahlener Bison

¼ Tasse Basilikumpesto (sieheRezept)

5 Tassen Rucola

Rohe, ungesalzene Pistazien, geröstet (sieheSpitze)

1. 2 Esslöffel Öl in einer großen Pfanne bei mittlerer bis niedriger Hitze erhitzen. Fügen Sie die Zwiebel hinzu. Zugedeckt 10 bis 15 Minuten kochen lassen oder bis die Zwiebel weich ist, dabei gelegentlich umrühren. Entdecken; kochen und bei mittlerer bis hoher Hitze 3 bis 5 Minuten lang rühren, bis die Zwiebeln goldbraun sind. Wein hinzufügen; etwa 5 Minuten kochen lassen oder bis

der größte Teil des Weins verdampft ist. Mit mediterranen Gewürzen bestreuen; warm halten

2. In der Zwischenzeit für die Vinaigrette in einem Schraubglas ¼ Tasse Olivenöl, Essig, Schalotten, Basilikum und Knoblauch vermischen. Abdecken und gut schütteln.

3. In einer großen Schüssel das gemahlene Bison- und Basilikumpesto vorsichtig vermischen. Formen Sie die Fleischmischung vorsichtig zu vier Zentimeter dicken Pastetchen.

4. Für einen Holzkohle- oder Gasgrill legen Sie die Fleischbällchen direkt bei mittlerer Hitze auf einen leicht gefetteten Grill. Abdecken und etwa 10 Minuten lang grillen, bis der gewünschte Gargrad erreicht ist (145 °F für Medium Rare oder 155 °F für Medium), dabei nach der Hälfte der Grillzeit einmal wenden.

5. Den Rucola in eine große Schüssel geben. Vinaigrette über den Rucola träufeln; werfen, um zu bedecken. Zum Servieren die Zwiebeln auf vier Servierteller verteilen; Jeweils mit einem Bison-Burger belegen. Die Burger mit Rucola belegen und mit Pistazien bestreuen.

BISON- UND LAMMHACKBRATEN AUF SMOG UND SÜßKARTOFFELN

AUSBILDUNG:1 Stunde Kochen: 20 Minuten Backen: 1 Stunde Stehen: 10 Minuten ergibt: 4 Portionen

DAS IST GUTES, ALTMODISCHES WOHLFÜHLESSENMIT EINEM MODERNEN TWIST. EINE ROTWEINPFANNENSAUCE VERLEIHT DEM HACKBRATEN GESCHMACK UND DIE KNOBLAUCHSUPPE UND DAS SÜßKARTOFFELPÜREE MIT CASHEWCREME UND KOKOSNUSSÖL SORGEN FÜR EINEN UNGLAUBLICHEN NÄHRSTOFFGEHALT.

2 Esslöffel Olivenöl

1 Tasse fein gehackte Cremini-Pilze

½ Tasse fein gehackte rote Zwiebel (1 mittelgroße)

½ Tasse fein gehackter Sellerie (1 Stange)

⅓ Tasse fein gehackte Karotte (1 kleine)

½ eines kleinen entkernten Apfels, geschält und gehackt

2 Knoblauchzehen, gehackt

½ Teelöffel mediterrane Gewürze (siehe Rezept)

1 großes Ei, leicht geschlagen

1 Esslöffel gehackter frischer Salbei

1 Esslöffel frisch gehackter Thymian

8 Unzen gemahlener Bison

8 Unzen Lamm- oder Rinderhackfleisch

¾ Tasse trockener Rotwein

1 mittelgroße Schalotte, fein gehackt

¾ Tasse Rinderknochenbrühe (siehe Rezept) oder ungesalzene Rinderbrühe

Süßkartoffelpüree (siehe Rezept, untere)

Mangold mit Knoblauch (siehe Rezept, untere)

1. Backofen auf 350 °F vorheizen. In einer großen Pfanne das Öl bei mittlerer Hitze erhitzen. Pilze, Zwiebeln, Sellerie und Karotten hinzufügen; kochen und etwa 5 Minuten lang umrühren, bis das Gemüse weich ist. Reduzieren Sie die Hitze auf einen niedrigen Wert. Den gehackten Apfel und den Knoblauch hinzufügen. Zugedeckt etwa 5 Minuten garen, bis das Gemüse sehr zart ist. Vom Herd nehmen; Mediterrane Gewürze untermischen.

2. Geben Sie die Pilzmischung mit einem Schaumlöffel in eine große Schüssel und bewahren Sie die Tropfen in der Pfanne auf. Ei, Salbei und Thymian unterrühren. Bison und Lammhack hinzufügen; Vorsichtig mischen. Gießen Sie die Fleischmischung in eine rechteckige Pfanne mit einem Fassungsvermögen von 2 Litern. Bilden Sie ein 7×4 Zoll großes Rechteck. Etwa 1 Stunde lang backen oder bis ein sofort ablesbares Thermometer 155 °F anzeigt. Lassen Sie es 10 Minuten stehen. Den Hackbraten vorsichtig auf eine Servierplatte legen. Abdecken und warm halten.

3. Für die Pfannensoße die Bratenfette und die knusprig gebräunten Stücke aus der Auflaufform in die Bratenfette der Pfanne kratzen. Wein und Schalotten hinzufügen. Bei mittlerer Hitze zum Kochen bringen; kochen, bis es auf die Hälfte reduziert ist. Rinderknochenbrühe hinzufügen; kochen und umrühren, bis die Menge auf die Hälfte reduziert ist. Nehmen Sie die Pfanne vom Herd.

4. Zum Servieren das Süßkartoffelpüree auf vier Servierteller verteilen; Mit etwas Knoblauch-Swiss-Smog belegen. Hackbraten in Scheiben schneiden; Legen Sie die Scheiben

auf den Knoblauch-Mangold und beträufeln Sie ihn mit der Pfannensoße.

Süßkartoffelpüree: 4 mittelgroße Süßkartoffeln schälen und grob hacken. Kochen Sie die Kartoffeln in einem großen Topf in so viel kochendem Wasser, dass sie bedeckt sind, 15 Minuten lang oder bis sie weich sind. Leckage Mit einem Kartoffelpüree pürieren. Fügen Sie ½ Tasse Cashewcreme hinzu (siehe Rezept) und 2 Esslöffel unraffiniertes Kokosöl; pürieren, bis eine glatte Masse entsteht. Warm halten.

Knoblauch-Mangold: Stiele von 2 Trauben entfernen und wegwerfen. Die Blätter grob hacken. In einer großen Pfanne 2 Esslöffel Olivenöl bei mittlerer Hitze erhitzen. Mangold und 2 gehackte Knoblauchzehen hinzufügen; kochen, bis der Smog verwelkt ist, dabei gelegentlich umrühren.

BISONFLEISCHBÄLLCHEN MIT APFELMUS UND JOHANNISBEEREN MIT ZUCCHINI-PAPPARDELLE

AUSBILDUNG:25 Minuten Backen: 15 Minuten Kochen: 18 Minuten ergibt: 4 Portionen

DIE FLEISCHBÄLLCHEN WERDEN SEHR FEUCHT SEINWIE DU SIE FORMST. UM ZU VERHINDERN, DASS DIE FLEISCHMISCHUNG AN IHREN HÄNDEN KLEBT, HALTEN SIE EINE SCHÜSSEL MIT KALTEM WASSER BEREIT UND BEFEUCHTEN SIE IHRE HÄNDE WÄHREND DER ARBEIT VON ZEIT ZU ZEIT. WECHSELN SIE DAS WASSER MEHRMALS, WÄHREND SIE DIE FLEISCHBÄLLCHEN ZUBEREITEN.

FLEISCHKLÖßCHEN
- Olivenöl
- ½ Tasse grob gehackte rote Zwiebel
- 2 Knoblauchzehen, gehackt
- 1 Ei, leicht geschlagen
- ½ Tasse Champignons und fein gehackte Stiele
- 2 Esslöffel frisch gehackte italienische Petersilie (glattblättrig)
- 2 Teelöffel Olivenöl
- 1 Pfund gemahlener Bison (grob gemahlen, falls verfügbar)

APFEL-JOHANNISBEER-SAUCE
- 2 Esslöffel Olivenöl
- 2 große Granny-Smith-Äpfel, geschält, entkernt und fein gehackt
- 2 Schalotten, gehackt
- 2 Esslöffel frischer Zitronensaft
- ½ Tasse Hühnerknochenbrühe (sieheRezept) oder ungesalzene Hühnerbrühe
- 2 bis 3 Esslöffel getrocknete Johannisbeeren

ZUCCHINI-PAPPARDELLE

6 Kürbisse

2 Esslöffel Olivenöl

¼ Tasse fein gehackter Nebel

½ TL gemahlener roter Pfeffer

2 Knoblauchzehen, gehackt

1. Für die Fleischbällchen den Backofen auf 180 °C vorheizen. Ein umrandetes Backblech leicht mit Olivenöl bestreichen; beiseite legen. In einer Küchenmaschine oder einem Mixer Zwiebel und Knoblauch vermengen. Pulsieren, bis eine glatte Masse entsteht. Übertragen Sie die Zwiebelmischung in eine mittelgroße Schüssel. Ei, Pilze, Petersilie und 2 Teelöffel Öl hinzufügen; Zum Kombinieren umrühren. Gemahlenes Bison hinzufügen; Vorsichtig, aber gut mischen. Teilen Sie die Fleischmischung in 16 Portionen auf; zu Fleischbällchen formen. Legen Sie die Fleischbällchen gleichmäßig verteilt auf das vorbereitete Backblech. 15 Minuten backen; beiseite legen.

2. Für die Soße 2 Esslöffel Öl in einer Pfanne bei mittlerer Hitze erhitzen. Äpfel und Schalotten hinzufügen; 6 bis 8 Minuten kochen und rühren, bis es sehr zart ist. Den Zitronensaft einrühren. Geben Sie die Mischung in eine Küchenmaschine oder einen Mixer. Abdecken und verarbeiten oder mixen, bis eine glatte Masse entsteht; zurück in die Pfanne geben. Hühnerknochenbrühe und Johannisbeeren unterrühren. Zum Kochen bringen; Hitze reduzieren. Ohne Deckel 8 bis 10 Minuten kochen, dabei häufig umrühren. Fleischbällchen hinzufügen; kochen und bei schwacher Hitze vermischen, bis sie erhitzt sind.

3. In der Zwischenzeit für die Pappardelle die Enden der Zucchini abschneiden. Reiben Sie die Zucchini mit einer Mandoline oder einem sehr scharfen Gemüseschäler in dünne Streifen. (Um die Bänder intakt zu halten, hören Sie mit dem Rasieren auf, sobald Sie die Kerne in der Mitte des Kürbisses erreicht haben.) In einer sehr großen Pfanne 2 Esslöffel Öl bei mittlerer Hitze erhitzen. Frühlingszwiebeln, zerstoßene rote Paprika und Knoblauch unterrühren; kochen und 30 Sekunden lang umrühren. Zucchinibänder hinzufügen. Etwa 3 Minuten kochen und leicht umrühren, bis es zusammengefallen ist.

4. Zum Servieren die Pappardelle auf vier Servierteller verteilen. Mit Fleischbällchen, Apfelmus und Johannisbeeren belegen.

BISON-STEINPILZ-BOLOGNESE MIT SPAGHETTIKÜRBIS MIT GERÖSTETEM KNOBLAUCH

AUSBILDUNG:30 Minuten Kochen: 1 Stunde 30 Minuten Backen: 35 Minuten ergibt: 6 Portionen

WENN SIE DACHTEN, SIE HÄTTEN GEGESSENIHRE LETZTEN SPAGHETTI MIT FLEISCHSOßE, ALS SIE DIE PALEO-DIÄT® EINGEFÜHRT HABEN, DENKEN SIE NOCH EINMAL DARÜBER NACH. DIESE REICHHALTIGE BOLOGNESE, GEWÜRZT MIT KNOBLAUCH, ROTWEIN UND ERDIGEN STEINPILZEN, WIRD ÜBER SÜßE UND KÖSTLICHE SPAGHETTIKÜRBISSTRÄNGE GESCHICHTET. SIE WERDEN OSTERN AUF KEINEN FALL VERPASSEN.

- 1 Unze getrocknete Steinpilze
- 1 Tasse kochendes Wasser
- 3 Esslöffel natives Olivenöl extra
- 1 Kilogramm gemahlener Bison
- 1 Tasse fein gehackte Karotten (2)
- ½ Tasse gehackte Zwiebel (1 mittelgroße)
- ½ Tasse fein gehackter Sellerie (1 Stange)
- 4 Knoblauchzehen, gehackt
- 3 Esslöffel Tomatenmark ohne Salz
- ½ Tasse Rotwein
- 2 15-Unzen-Dosen zerkleinerte Tomaten ohne Salzzusatz
- 1 Teelöffel getrockneter Oregano, zerstoßen
- 1 Teelöffel getrockneter Thymian, zerstoßen
- ½ Teelöffel schwarzer Pfeffer
- 1 mittelgroßer Spaghettikürbis (2½ bis 3 Pfund)
- 1 Knoblauchknolle

1. In einer kleinen Schüssel Steinpilze und kochendes Wasser vermischen. 15 Minuten ruhen lassen. Durch ein mit einem Käsetuch aus 100 % Baumwolle ausgelegtes Sieb passieren und die Einweichflüssigkeit auffangen. Die Pilze hacken; beiseite legen.

2. In einem Schmortopf mit 4 bis 5 Liter Fassungsvermögen 1 Esslöffel Olivenöl bei mittlerer Hitze erhitzen. Gemahlenes Bisonfleisch, Karotten, Zwiebeln, Sellerie und Knoblauch hinzufügen. Kochen, bis das Fleisch gebräunt und das Gemüse zart ist, dabei mit einem Holzlöffel umrühren, um das Fleisch aufzulockern. Tomatenmark hinzufügen; kochen und 1 Minute rühren. Rotwein hinzufügen; kochen und 1 Minute rühren. Steinpilze, Tomaten, Oregano, Thymian und Pfeffer mischen. Geben Sie die zurückbehaltene Pilzflüssigkeit hinzu und achten Sie darauf, keinen Sand oder Splitt hinzufügen, der sich möglicherweise am Boden des Topfes befindet. Unter gelegentlichem Rühren zum Kochen bringen; Reduzieren Sie die Hitze auf einen niedrigen Wert. Zugedeckt 1½ bis 2 Stunden köcheln lassen oder bis die gewünschte Konsistenz erreicht ist.

3. In der Zwischenzeit den Ofen auf 375 °F vorheizen. Den Kürbis der Länge nach halbieren; Kratzen Sie die Samen heraus. Die Kürbishälften mit der Schnittfläche nach unten in eine große Auflaufform legen. Mit einer Gabel überall in die Haut einstechen. Schneiden Sie den oberen halben Zoll vom Knoblauchkopf ab. Legen Sie den Knoblauch mit der geschnittenen Seite nach oben in das Backblech zu den Zucchini. Mit dem restlichen 1 Esslöffel

Olivenöl beträufeln. 35 bis 45 Minuten backen oder bis die Zucchini und der Knoblauch weich sind.

4. Mit einem Löffel und einer Gabel das Kürbismark aus jeder Kürbishälfte entfernen und zerkleinern. In eine Schüssel geben und abdecken, um es warm zu halten. Wenn der Knoblauch kühl genug zum Anfassen ist, drücken Sie die untere Knolle aus, um die Zehen zu entfernen. Mit einer Gabel die Knoblauchzehen zerdrücken. Den gehackten Knoblauch unter die Zucchini mischen und gleichmäßig verteilen. Zum Servieren die Soße über die Zucchinimischung löffeln.

BISON-CHILI MIT FLEISCH

AUSBILDUNG:25 Minuten Kochzeit: 1 Stunde 10 Minuten Ergibt: 4 Portionen

UNGESÜßTE SCHOKOLADE, KAFFEE UND ZIMTMACHEN SIE DIESEN DAUERBRENNER INTERESSANTER. WENN SIE EINEN NOCH STÄRKEREN RAUCHGESCHMACK WÜNSCHEN, ERSETZEN SIE DEN NORMALEN PAPRIKA DURCH 1 ESSLÖFFEL GERÄUCHERTEN SÜßEN PAPRIKA.

3 Esslöffel natives Olivenöl extra

1 Kilogramm gemahlener Bison

½ Tasse gehackte Zwiebel (1 mittelgroße)

2 Knoblauchzehen, gehackt

2 14,5-Unzen-Dosen, gewürfelte, ungesalzene Tomaten, ungeschält

1 6-Unzen-Dose ungesalzenes Tomatenmark

1 Tasse Rinderknochenbrühe (sieheRezept) oder ungesalzene Rinderbrühe

½ Tasse starker Kaffee

2 Unzen Backriegel 99 % Kakao, gehackt

1 Esslöffel Paprika

1 Teelöffel gemahlener Kreuzkümmel

1 Teelöffel getrockneter Oregano

1½ Teelöffel geräuchertes Gewürz (sieheRezept)

½ Teelöffel gemahlener Zimt

⅓ Tasse Nuggets

1 Teelöffel Olivenöl

½ Tasse Cashewcreme (sieheRezept)

1 Teelöffel frischer Zitronensaft

½ Tasse frische Korianderblätter

4 Scheiben Limette

1. In einem Schmortopf die 3 Esslöffel Olivenöl bei mittlerer Hitze erhitzen. Gemahlenes Bisonfleisch, Zwiebel und Knoblauch hinzufügen; etwa 5 Minuten garen oder bis das

Fleisch gebräunt ist, dabei mit einem Holzlöffel umrühren, um das Fleisch aufzulockern. Ungetrocknete Tomaten, Tomatenmark, Rinderknochenbrühe, Kaffee, Backschokolade, Paprika, Kreuzkümmel, Oregano, 1 Teelöffel Piment und Zimt unterrühren. Zum Kochen bringen; Hitze reduzieren. Zugedeckt 1 Stunde köcheln lassen, dabei gelegentlich umrühren.

2. In der Zwischenzeit in einer kleinen Pfanne die Pepitas in 1 Teelöffel Olivenöl bei mittlerer Hitze anbraten, bis sie anfangen einzudringen und goldbraun zu werden. Geben Sie das Nugget in eine kleine Schüssel. den restlichen ½ Teelöffel geräuchertes Gewürz hinzufügen; werfen, um zu bedecken.

3. In einer kleinen Schüssel Cashewcreme und Zitronensaft vermischen.

4. Zum Servieren Chili in Schüsseln füllen. Portionen mit Cashewcreme, Pepitas und Koriander belegen. Mit Limettenspalten servieren.

MAROKKANISCH GEWÜRZTE BISONSTEAKS MIT GEGRILLTEN ZITRONEN

AUSBILDUNG:10 Minuten Grillen: 10 Minuten ergeben: 4 Portionen

SERVIEREN SIE DIESE SCHNELL ZUBEREITETEN STEAKSMIT KALTEM UND KNACKIG GEWÜRZTEM KAROTTENSALAT (SREZEPT). WENN SIE LUST AUF ETWAS LECKERES HABEN, PROBIEREN SIE GEGRILLTE ANANAS MIT KOKOSCREME (SIEHEREZEPT) WÄRE EIN TOLLER ABSCHLUSS DES ESSENS.

2 Esslöffel gemahlener Zimt

2 Esslöffel Paprika

1 Esslöffel Knoblauchpulver

¼ Teelöffel Cayennepfeffer

4 6-Unzen-Bison-Filet-Mignon-Steaks, ¾ bis 1 Zoll dick geschnitten

2 Zitronen, horizontal halbiert

1. In einer kleinen Schüssel Zimt, Paprika, Knoblauchpulver und Cayennepfeffer vermischen. Trocknen Sie die Steaks mit Papiertüchern. Reiben Sie beide Seiten des Steaks mit der Gewürzmischung ein.

2. Bei einem Holzkohle- oder Gasgrill legen Sie die Steaks direkt bei mittlerer Hitze auf den Grill. Abdecken und für 10 bis 12 Minuten bei mittlerer Rarität (145 °F) oder 12 bis 15 Minuten bei mittlerer Hitze (155 °F) grillen, dabei nach der Hälfte der Garzeit einmal wenden. In der Zwischenzeit die Zitronenhälften mit der Schnittfläche nach unten auf einen Rost legen. 2 bis 3 Minuten braten, bis es leicht verkohlt und saftig ist.

3. Mit gegrillten Zitronenhälften servieren und über die Steaks drücken.

BISON-LENDENSTEAK MIT KRÄUTERN DER PROVENCE EINGERIEBEN

AUSBILDUNG:15 Minuten Garzeit: 15 Minuten Braten: 1 Stunde 15 Minuten Ruhezeit: 15 Minuten ergibt: 4 Portionen

KRÄUTER DER PROVENCE SIND EINE MISCHUNGGETROCKNETER KRÄUTER, DIE IM SÜDEN FRANKREICHS IN HÜLLE UND FÜLLE WACHSEN. DIE MISCHUNG ENTHÄLT NORMALERWEISE EINE KOMBINATION AUS BASILIKUM, FENCHELSAMEN, LAVENDEL, MAJORAN, ROSMARIN, SALBEI, SOMMERTHYMIAN UND THYMIAN. ES VERLEIHT DIESEM SEHR AMERIKANISCHEN STEAK EINEN WUNDERBAREN GESCHMACK.

- 1 Bisonsteak von 3 kg
- 3 Esslöffel Kräuter der Provence
- 4 Esslöffel natives Olivenöl extra
- 3 Knoblauchzehen, gehackt
- 4 kleine Pastinaken, gereinigt und gehackt
- 2 reife Birnen, entkernt und gehackt
- ½ Tasse ungesüßter Birnennektar
- 1 bis 2 Teelöffel frischer Thymian

1. Den Ofen auf 375 °F vorheizen. Schneiden Sie das Fett vom Steak ab. In einer kleinen Schüssel Kräuter der Provence, 2 Esslöffel Olivenöl und Knoblauch vermischen; Reiben Sie das ganze Steak damit ein.

2. Legen Sie das Steak auf einen Rost in eine kleine Pfanne. Stecken Sie ein Ofenthermometer in die Mitte des Bratens.* Ohne Deckel 15 Minuten braten. Reduzieren Sie

die Ofentemperatur auf 300 °F. 60 bis 65 Minuten länger braten oder bis ein Fleischthermometer 140 °F (mittelselten) anzeigt. Mit Folie abdecken und 15 Minuten ruhen lassen.

3. In der Zwischenzeit in einer großen Pfanne die restlichen 2 Esslöffel Olivenöl bei mittlerer Hitze erhitzen. Pastinaken und Birnen hinzufügen; 10 Minuten kochen lassen oder bis die Pastinaken knusprig und zart sind, dabei gelegentlich umrühren. Birnennektar hinzufügen; etwa 5 Minuten kochen lassen oder bis die Sauce leicht eindickt. Mit Thymian bestreuen.

4. Schneiden Sie das Steak quer zur Faser in dünne Scheiben. Das Fleisch mit Pastinaken und Birnen servieren.

*Tipp: Bison ist sehr mager und gart schneller als Rindfleisch. Darüber hinaus ist die Farbe des Fleisches rötlicher als die von Rindfleisch, sodass Sie sich nicht auf einen visuellen Hinweis verlassen können, um den Gargrad zu bestimmen. Damit Sie wissen, wann das Fleisch fertig ist, benötigen Sie ein Fleischthermometer. Ein Ofenthermometer ist ideal, aber keine Notwendigkeit.

IN KAFFEE GESCHMORTE BISON-RIPPCHEN MIT MANDARINEN-GREMOLATA UND SELLERIEWURZELPÜREE

AUSBILDUNG:15 Minuten Kochzeit: 2 Stunden 45 Minuten ergibt: 6 Portionen

BISON-KURZRIPPEN SIND GROß UND FLEISCHIG.UM ZART ZU WERDEN, MÜSSEN SIE LANGE IN FLÜSSIGKEIT GEKOCHT WERDEN. GREMOLATA AUS MANDARINENSCHALEN PEPPT DEN GESCHMACK DIESES HERZHAFTEN GERICHTS AUF.

MARINIERT

- 2 Tassen Wasser
- 3 Tassen starker, kalter Kaffee
- 2 Tassen frischer Mandarinensaft
- 2 Esslöffel frisch gehackter Rosmarin
- 1 Teelöffel grob gemahlener schwarzer Pfeffer
- 4 Pfund Bison-Kurzrippen, zum Trennen zwischen den Rippen einschneiden

KOCHEN ERSTICKT

- 2 Esslöffel Olivenöl
- 1 Teelöffel schwarzer Pfeffer
- 2 Tassen gehackte Zwiebel
- ½ Tasse gehackte Schalotten
- 6 Knoblauchzehen, gehackt
- 1 Jalapeño-Pfeffer, entkernt und gehackt (siehe Spitze)
- 1 Tasse starker Kaffee
- 1 Tasse Rinderknochenbrühe (siehe Rezept) oder ungesalzene Rinderbrühe
- ¼ Tasse Paleo-Ketchup (siehe Rezept)
- 2 Esslöffel Senf nach Dijon-Art (siehe Rezept)
- 3 Esslöffel Apfelessig

Selleriewurzelpüree (siehe Rezept, untere)
Mandarin gremolata (siehe Rezept, Rechts)

1. Für die Marinade Wasser, gekühlten Kaffee, Mandarinensaft, Rosmarin und schwarzen Pfeffer in einem großen, nicht reaktiven Behälter (Glas oder Edelstahl) vermischen. Rippchen hinzufügen. Legen Sie bei Bedarf einen Teller über die Rippchen, damit sie unter Wasser bleiben. Abdecken und 4 bis 6 Stunden kalt stellen, dabei neu anordnen und einmal umrühren.

2. Zum Schmoren den Ofen auf 180 °C vorheizen. Die Rippchen abtropfen lassen und die Marinade auffangen. Trocknen Sie die Rippchen mit Papiertüchern. In einem großen holländischen Ofen Olivenöl bei mittlerer bis hoher Hitze erhitzen. Die Rippchen mit schwarzem Pfeffer würzen. Die Rippchen portionsweise anbraten, bis sie von allen Seiten gebräunt sind, etwa 5 Minuten pro Portion. Auf einen großen Teller geben.

3. Zwiebel, Schalotte, Knoblauch und Jalapeño in den Topf geben. Hitze auf mittlere Stufe reduzieren, abdecken und kochen, bis das Gemüse weich ist, dabei gelegentlich umrühren, etwa 10 Minuten. Kaffee und Brühe hinzufügen; umrühren, dabei gebräunte Stücke herausschaben. Fügen Sie Paleo-Ketchup, Dijon-Senf und Essig hinzu. Zum Kochen bringen. Rippchen hinzufügen. Abdecken und in den Ofen geben. Kochen, bis das Fleisch zart ist, etwa 2 Stunden und 15 Minuten, dabei leicht umrühren und die Rippchen ein- oder zweimal neu anordnen.

4. Übertragen Sie die Rippchen auf einen Teller; Zelt mit Folie zum Warmhalten. Mit dem Löffel Fett auf die Oberfläche

der Soße geben. Kochen Sie die Soße etwa 5 Minuten lang, bis sie auf 2 Tassen reduziert ist. Selleriewurzelpüree auf 6 Teller verteilen; Mit Rippchen und Soße belegen. Mit Mandarin Gremolata bestreuen.

Selleriewurzelpüree: In einem großen Topf 3 Pfund Selleriewurzel, geschält und in 2,5 cm große Stücke geschnitten, und 4 Tassen Hühnerknochenbrühe vermischen (siehe [Rezept](#)) oder ungesalzene Hühnerbrühe. Zum Kochen bringen; Hitze reduzieren. Die Selleriewurzel abgießen und die Brühe auffangen. Die Selleriewurzel in den Topf geben. 1 Esslöffel Olivenöl und 2 Teelöffel frisch gehackten Thymian hinzufügen. Zerdrücken Sie die Selleriewurzel mit einem Kartoffelstampfer und fügen Sie nach Bedarf jeweils ein paar Esslöffel Brühe hinzu, um die gewünschte Konsistenz zu erreichen.

Mandarinen-Gremolata: In einer kleinen Schüssel ½ Tasse gehackte frische Petersilie, 2 Esslöffel fein gehackte Mandarinenschale und 2 gehackte Knoblauchzehen vermischen.

RINDERKNOCHENBRÜHE

AUSBILDUNG: 25 Minuten Braten: 1 Stunde Kochen: 8 Stunden Ergibt: 8 bis 10 Tassen

OCHSENSCHWÄNZE OHNE KNOCHEN ERGEBEN EINE BRÜHE MIT EINEM ÄUßERST REICHHALTIGEN GESCHMACK DIE IN JEDEM REZEPT VERWENDET WERDEN KANN, DAS RINDERBRÜHE ERFORDERT – ODER EINFACH ALS BEILAGE ZU EINER TASSE ZU JEDER TAGESZEIT GENOSSEN WERDEN KANN. OBWOHL SIE URSPRÜNGLICH VON EINEM OCHSEN STAMMTEN, STAMMEN OCHSENSCHWÄNZE HEUTE VON EINEM RIND.

- 5 Karotten, grob gehackt
- 5 Stangen Sellerie, grob gehackt
- 2 gelbe Zwiebeln, ungeschält, halbiert
- 8 Unzen weiße Pilze
- 1 Knoblauchknolle, ungeschält, halbiert
- 2 Kilogramm Ochsenschwanzknochen oder Rinderknochen
- 2 Tomaten
- 12 Tassen kaltes Wasser
- 3 Lorbeerblätter

1. Ofen auf 400 °F vorheizen. In einer großen Pfanne oder einer kleinen Auflaufform Karotten, Sellerie, Zwiebeln, Pilze und Knoblauch anrichten. Legen Sie die Knochen auf das Gemüse. In einer Küchenmaschine die Tomaten zerkleinern, bis sie homogen sind. Verteilen Sie die Tomaten auf den Knochen, um sie zu bedecken (es ist kein Problem, wenn etwas vom Püree auf die Pfanne und auf das Gemüse tropft). 1 bis 1 1/2 Stunden rösten oder bis die Knochen tiefbraun und das Gemüse karamellisiert sind. Geben Sie die Knochen und das Gemüse in einen Schmortopf oder Topf mit 10 bis 12 Liter

Fassungsvermögen. (Wenn ein Teil der Tomatenmischung am Boden der Pfanne karamellisiert, geben Sie 1 Tasse heißes Wasser in die Pfanne und kratzen Sie eventuelle Klümpchen ab. Gießen Sie die Flüssigkeit über die Knochen und das Gemüse und reduzieren Sie die Wassermenge um 1 Tasse.) Kalt hinzufügen. Wasser und Lorbeerblätter.

2. Bringen Sie die Mischung langsam bei mittlerer bis hoher Hitze zum Kochen. Reduziert Hitze; Abdecken und die Brühe 8 bis 10 Stunden köcheln lassen, dabei gelegentlich umrühren.

3. Die Brühe abseihen; Knochen und Gemüse wegwerfen. kalte Brühe; Brühe in Vorratsbehälter umfüllen und bis zu 5 Tage im Kühlschrank lagern; Bis zu 3 Monate einfrieren.*

Anweisungen für den Slow Cooker: Für einen 6 bis 8 Liter fassenden Slow Cooker verwenden Sie 1 Pfund Rinderknochen, 3 Karotten, 3 Stangen Sellerie, 1 gelbe Zwiebel und 1 Knoblauchzehe. 1 Tomate pürieren und die Knochen damit einreiben. Wie angegeben rösten, dann die Knochen und das Gemüse in den Slow Cooker geben. Entfernen Sie alle karamellisierten Tomaten wie angegeben und geben Sie sie in den Slow Cooker. Fügen Sie so viel Wasser hinzu, dass es bedeckt ist. Abdecken und bei starker Hitze etwa 4 Stunden kochen lassen, bis die Brühe kocht. Auf niedrige Einstellung reduzieren; 12 bis 24 Stunden kochen lassen. Brühe abseihen; Knochen und Gemüse wegwerfen. Wie angegeben aufbewahren.

*Tipp: Um das Fett leichter aus der Brühe zu entfernen, lagern Sie die Brühe über Nacht in einem abgedeckten Behälter im Kühlschrank. Das Fett steigt nach oben und bildet eine feste Schicht, die sich leicht entfernen lässt. Die Brühe kann nach dem Abkühlen eindicken.

MIT GEWÜRZEN EINGERIEBENE TUNESISCHE SCHWEINESCHULTER MIT WÜRZIGEN SÜßKARTOFFELN

AUSBILDUNG:25 Minuten Braten: 4 Stunden Backen: 30 Minuten ergibt: 4 Portionen

DIES IST EIN GROßARTIGES GERICHT ZUM ZUBEREITEN AN EINEM KÜHLEN HERBSTTAG. DAS FLEISCH GART STUNDENLANG IM OFEN, SODASS IHR HAUS WUNDERBAR DUFTET UND SIE ZEIT FÜR ANDERE DINGE HABEN. GEBACKENE SÜßKARTOFFEL-POMMES WERDEN NICHT SO KNUSPRIG WIE WEIßE KARTOFFELN, ABER SIE SIND AUF IHRE ART KÖSTLICH, BESONDERS WENN SIE IN KNOBLAUCHMAYONNAISE GETUNKT WERDEN.

SCHWEIN
- 1 2½ bis 3 Pfund schweres Schweineschultersteak mit Knochen
- 2 Teelöffel gemahlener Anchopfeffer
- 2 Teelöffel gemahlener Kreuzkümmel
- 1 Teelöffel Kreuzkümmelsamen, leicht zerstoßen
- 1 Teelöffel gemahlener Koriander
- ½ TL gemahlener Kurkuma
- ¼ Teelöffel gemahlener Zimt
- 3 Esslöffel Olivenöl

FRITTEN
- 4 mittelgroße Süßkartoffeln (ca. 2 Pfund), geschält und in ½ Zoll dicke Scheiben geschnitten
- ½ TL gemahlener roter Pfeffer
- ½ Teelöffel Zwiebelpulver
- ½ Teelöffel Knoblauchpulver
- Olivenöl
- 1 Zwiebel, in dünne Scheiben geschnitten

Paleo Aïoli (Knoblauch-Mayo) (siehe Rezept)

1. Backofen auf 300 °F vorheizen. Schneiden Sie das Fett vom Fleisch ab. In einer kleinen Schüssel den gemahlenen Anchopfeffer, den gemahlenen Kreuzkümmel, die Kreuzkümmelsamen, den Koriander, die Kurkuma und den Zimt vermischen. Fleisch mit Gewürzmischung bestreuen; Reiben Sie das Fleisch mit den Fingern gleichmäßig ein.

2. In einem ofenfesten Schmortopf mit 5 bis 6 Liter Fassungsvermögen 1 Esslöffel Olivenöl bei mittlerer bis hoher Hitze erhitzen. Das Schweinefleisch im heißen Öl von allen Seiten anbraten. Abdecken und etwa 4 Stunden lang rösten, bis das Fleisch sehr zart ist und ein Fleischthermometer 190 °F anzeigt. Nehmen Sie den Dutch Oven aus dem Ofen. Zugedeckt ruhen lassen, während Sie die Pommes Frites und die Zwiebeln zubereiten, dabei 1 Esslöffel Fett im Schmortopf aufbewahren.

3. Erhöhen Sie die Ofentemperatur auf 400 °F. Für die Pommes frites die Süßkartoffeln, die restlichen 2 Esslöffel Olivenöl, die zerstoßene rote Paprika, das Zwiebelpulver und den Knoblauch in einer großen Schüssel vermengen. werfen, um zu bedecken. Ein großes oder zwei kleine Backbleche mit Folie auslegen; Mit zusätzlichem Olivenöl bestreichen. Ordnen Sie die Süßkartoffeln in einer einzigen Schicht auf dem/den vorbereiteten Backblech(en) an. Etwa 30 Minuten backen oder bis sie weich sind, dabei die Süßkartoffeln nach der Hälfte der Backzeit einmal wenden.

4. In der Zwischenzeit das Fleisch aus dem Schmortopf nehmen; Zum Warmhalten mit Folie abdecken. Lassen Sie das Bratenfett abtropfen und bewahren Sie 1 Esslöffel Fett auf. Geben Sie das zurückbehaltene Fett in den Schmortopf. Zwiebel hinzufügen; Bei mittlerer Hitze etwa 5 Minuten kochen lassen oder bis es weich ist, dabei gelegentlich umrühren.

5. Schweinefleisch und Zwiebeln auf eine Servierplatte geben. Das Schweinefleisch mit zwei Gabeln in große Stücke schneiden. Servieren Sie Pulled Pork und Pommes mit Paleo Aïoli.

KUBANISCHE GEGRILLTE SCHWEINESCHULTER

AUSBILDUNG:15 Minuten Marinieren: 24 Stunden Grillen: 2 Stunden 30 Minuten Stehen lassen: 10 Minuten Ergibt: 6 bis 8 Portionen

IN SEINEM HERKUNFTSLAND ALS „LECHON ASADO" BEKANNT,DIESER SCHWEINEBRATEN WIRD IN EINER KOMBINATION AUS FRISCHEN ZITRUSSÄFTEN, GEWÜRZEN, GEMAHLENEM ROTEM PFEFFER UND EINER GANZEN GEHACKTEN KNOBLAUCHKNOLLE MARINIERT. DAS KOCHEN ÜBER HEIßEN KOHLEN NACH DEM EINWEICHEN ÜBER NACHT IN DER MARINADE VERLEIHT IHM EINEN ERSTAUNLICHEN GESCHMACK.

1 Knoblauchknolle, Zehen abgetrennt, geschält und gehackt

1 Tasse grob gehackte Zwiebel

1 Tasse Olivenöl

1⅓ Tassen frischer Zitronensaft

⅔ Tasse frischer Orangensaft

1 Esslöffel gemahlener Kreuzkümmel

1 Esslöffel getrockneter Oregano, zerstoßen

2 Teelöffel frisch gemahlener schwarzer Pfeffer

1 Teelöffel gemahlener roter Pfeffer

1 4 bis 5 Pfund schweres Schweineschultersteak ohne Knochen

1. Für die Marinade den Knoblauch in Zehen zerteilen. Nelken putzen und hacken; In eine große Schüssel geben. Zwiebel, Olivenöl, Limettensaft, Orangensaft, Kreuzkümmel, Oregano, schwarzen Pfeffer und gemahlenen roten Pfeffer hinzufügen. Gut vermischen und beiseite stellen.

2. Mit einem Ausbeinmesser das Schweinesteak überall tief einschneiden. Legen Sie das Steak vorsichtig in die Marinade und tauchen Sie es so weit wie möglich in die Flüssigkeit ein. Decken Sie die Schüssel fest mit Plastikfolie ab. 24 Stunden im Kühlschrank marinieren, dabei einmal wenden.

3. Das Schweinefleisch aus der Marinade nehmen. Gießen Sie die Marinade in einen mittelgroßen Topf. Zum Kochen bringen; 5 Minuten kochen lassen. Vom Herd nehmen und abkühlen lassen. Beiseite legen.

4. Ordnen Sie bei einem Holzkohlegrill mittelheiße Kohlen um eine Fettpfanne an. Bei mittlerer Hitze über der Pfanne testen. Legen Sie das Fleisch über die Abtropfschale auf den Grill. Abdecken und 2½ bis 3 Stunden grillen oder bis ein sofort ablesbares Thermometer in der Mitte des Steaks 140 °F anzeigt. (Heizen Sie bei einem Gasgrill den Grill vor. Reduzieren Sie die Hitze auf mittlere Stufe. Stellen Sie ihn auf indirektes Garen ein. Legen Sie das Fleisch auf den Grill über dem ausgeschalteten Brenner. Decken Sie den Grill auch wie angegeben ab.) Nehmen Sie das Fleisch vom Grill. Decken Sie es locker mit Folie ab und lassen Sie es 10 Minuten ruhen, bevor Sie es schneiden oder herausziehen.

ITALIENISCHER GEWÜRZTER SCHWEINEBRATEN MIT GEMÜSE

AUSBILDUNG:20 Minuten Braten: 2 Stunden 25 Minuten Ruhezeit: 10 Minuten ergibt: 8 Portionen

„FRISCH IST AM BESTEN" IST EIN GUTES MANTRAWENN ES UMS KOCHEN GEHT, DIE MEISTE ZEIT ZU BEFOLGEN. GETROCKNETE KRÄUTER EIGNEN SICH JEDOCH SEHR GUT FÜR FLEISCHGERICHTE. WENN KRÄUTER GETROCKNET WERDEN, KONZENTRIEREN SICH IHRE AROMEN. WENN ES MIT DER FEUCHTIGKEIT IM FLEISCH IN KONTAKT KOMMT, GIBT ES SEINE AROMEN AN DAS FLEISCH AB, WIE IN DIESEM ITALIENISCHEN STEAK MIT PETERSILIE, FENCHEL, OREGANO, KNOBLAUCH UND SCHARFER ROTER PAPRIKA.

2 Esslöffel getrocknete Petersilie, zerstoßen

2 Esslöffel Fenchelsamen, zerstoßen

4 Teelöffel getrockneter Oregano, zerstoßen

1 Teelöffel frisch gemahlener schwarzer Pfeffer

½ TL gemahlener roter Pfeffer

4 Knoblauchzehen, gehackt

1 4 kg Schweineschultersteak mit Knochen

1 bis 2 Esslöffel Olivenöl

1¼ Tassen Wasser

2 mittelgroße Zwiebeln, geschält und in Scheiben geschnitten

1 große Fenchelknolle, geputzt, entkernt und in Scheiben geschnitten

2 kg Rosenkohl

1. Den Ofen auf 325 °F vorheizen. In einer kleinen Schüssel Petersilie, Fenchelsamen, Oregano, schwarzen Pfeffer, zerstoßenen roten Pfeffer und Knoblauch vermengen. beiseite legen. Den Schweinebraten bei Bedarf auspacken.

Schneiden Sie das Fett vom Fleisch ab. Das Fleisch von allen Seiten mit der Gewürzmischung einreiben. Binden Sie das Steak bei Bedarf erneut zusammen, um es zusammenzuhalten.

2. Erhitzen Sie das Öl in einem Schmortopf bei mittlerer bis hoher Hitze. Das Fleisch im heißen Öl von allen Seiten anbraten. Fett abtropfen lassen. Gießen Sie das Wasser rund um das Steak in den Schmortopf. Ohne Deckel eineinhalb Stunden rösten. Zwiebeln und Fenchel rund um den Schweinebraten anrichten. Abdecken und weitere 30 Minuten rösten.

3. Schneiden Sie in der Zwischenzeit den Rosenkohl ab und entfernen Sie alle welken äußeren Blätter. Den Rosenkohl halbieren. Geben Sie den Rosenkohl in den Schmortopf und legen Sie ihn auf das andere Gemüse. Abdecken und weitere 30 bis 35 Minuten rösten, bis das Gemüse und das Fleisch zart sind. Das Fleisch auf eine Servierplatte geben und mit Folie abdecken. Vor dem Schneiden 15 Minuten ruhen lassen. Das Gemüse mit dem Bratensaft beträufeln, um es zu bedecken. Nehmen Sie das Gemüse mit einem Schaumlöffel auf eine Servierplatte oder eine Schüssel. abdecken, um warm zu bleiben.

4. Mit einem großen Löffel das Fett aus dem Bratensaft abschöpfen. Den restlichen Bratensaft durch ein Sieb gießen. Das Schweinefleisch aufschneiden und den Knochen entfernen. Fleisch mit Gemüse und Bratensaft servieren.

SCHWEINEFILET IM LANGSAMEN OFEN

AUSBILDUNG:20 Minuten Schongaren: 8 bis 10 Stunden (niedrig) oder 4 bis 5 Stunden (hoch) Ergibt: 8 Portionen

MIT KREUZKÜMMEL, KORIANDER, OREGANO, TOMATEN, MANDELN, ROSINEN, CHILI UND SCHOKOLADE,DIESE REICHHALTIGE UND WÜRZIGE SAUCE HAT EINIGES ZU BIETEN – UND ZWAR AUF EINE SEHR GUTE ART UND WEISE. ES IST EINE IDEALE MAHLZEIT, UM DEN MORGEN ZU BEGINNEN, BEVOR SIE IN DEN TAG STARTEN. WENN SIE NACH HAUSE KOMMEN, IST DAS ABENDESSEN FAST FERTIG – UND IHR HAUS RIECHT HERRLICH.

- 1 3 kg Schweineschultersteak ohne Knochen
- 1 Tasse grob gehackte Zwiebel
- 3 Knoblauchzehen, in Scheiben geschnitten
- 1½ Tassen Rinderknochenbrühe (siehe Rezept), Hühnerknochensuppe (siehe Rezept) oder ungesalzene Rind- oder Hühnersuppe
- 1 Esslöffel gemahlener Kreuzkümmel
- 1 Esslöffel gemahlener Koriander
- 2 Teelöffel getrockneter Oregano, zerstoßen
- 1 15-Unzen-Dose ungesalzene Tomaten, gewürfelt, abgetropft
- 1 6-Unzen-Dose Tomatenmark ohne Salzzusatz
- ½ Tasse gehobelte Mandeln, geröstet (siehe Spitze)
- ¼ Tasse ungeschwefelte Rosinen oder goldene Johannisbeeren
- 2 Unzen ungesüßte Schokolade (z. B. Scharffen Berger 99 % Kakaoriegel), grob gehackt
- 1 ganze getrocknete Ancho- oder Chipotle-Pfeffer
- 2 4-Zoll-Zimtstangen
- ¼ Tasse frisch gehackter Koriander
- 1 Avocado, geschält, entkernt und in dünne Scheiben geschnitten
- 1 Limette, in Scheiben geschnitten

⅓ Tasse geröstete, ungesalzene grüne Kürbiskerne (optional) (siehe Spitze)

1. Entfernen Sie das Fett vom Schweinebraten. Wenn nötig, schneiden Sie das Fleisch so zurecht, dass es in einen Slow Cooker mit 5 bis 6 Litern Fassungsvermögen passt. beiseite legen.

2. Im Slow Cooker Zwiebel und Knoblauch vermengen. In einem 2-Tassen-Glasmessbecher Rinderknochenbrühe, Kreuzkümmel, Koriander und Oregano vermengen. in den Herd gießen. Tomatenwürfel, Tomatenmark, Mandeln, Rosinen, Schokolade, getrocknete Chilis und Zimtstangen unterrühren. Legen Sie das Fleisch in den Herd. Mit einem Löffel der Tomatenmischung belegen. Abdecken und 8 bis 10 Stunden auf niedriger Stufe oder 4 bis 5 Stunden auf hoher Stufe garen, bis das Schweinefleisch zart ist.

3. Übertragen Sie das Schweinefleisch auf ein Schneidebrett. es kühlt etwas ab. Das Fleisch mit zwei Gabeln in Stücke zerteilen. Decken Sie das Fleisch mit Folie ab und legen Sie es beiseite.

4. Entfernen Sie die getrockneten Pfeffer- und Zimtstangen und entsorgen Sie sie. Mit einem großen Löffel das Fett von der Tomatenmischung abschöpfen. Geben Sie die Tomatenmischung in einen Mixer oder eine Küchenmaschine. Abdecken und mixen oder verarbeiten, bis es fast glatt ist. Geben Sie das Pulled Pork und die Soße in den Slow Cooker. Bis zum Servieren bei schwacher Hitze bis zu 2 Stunden warm halten.

5. Kurz vor dem Servieren Koriander unterrühren. Mole in Schüsseln servieren und mit Avocadoscheiben,

Limettenschnitzen und nach Wunsch Kürbiskernen garnieren.

MIT KREUZKÜMMEL GEWÜRZTER SCHWEINEFLEISCH-KÜRBIS-EINTOPF

AUSBILDUNG:30 Minuten Kochzeit: 1 Stunde Ergibt: 4 Portionen

SENFGRÜN MIT PFEFFER UND KÜRBISVERLEIHT DIESEM WÜRZIGEN EINTOPF MIT OSTEUROPÄISCHEN AROMEN EINE LEBENDIGE FARBE UND VIELE VITAMINE SOWIE BALLASTSTOFFE UND FOLSÄURE.

1 ¼ bis 1½ Pfund Schweineschultersteak

1 Esslöffel Paprika

1 Esslöffel Kreuzkümmelsamen, fein zerstoßen

2 Teelöffel trockener Senf

¼ Teelöffel Cayennepfeffer

2 Esslöffel raffiniertes Kokosöl

8 Unzen frische Champignons, in dünne Scheiben geschnitten

2 Stangen Sellerie, quer in 2,5 cm dicke Scheiben geschnitten

1 kleine rote Zwiebel, in dünne Scheiben schneiden

6 Knoblauchzehen, gehackt

5 Tassen Hühnerknochenbrühe (sieheRezept) oder ungesalzene Hühnerbrühe

2 Tassen gewürfelter Butternusskürbis, geschält

3 Tassen grob gehacktes Senfgrün oder Grünkohl

2 Esslöffel gehackter frischer Salbei

¼ Tasse frischer Zitronensaft

1. Entfernen Sie das Fett vom Schweinefleisch. Schweinefleisch in 1½-Zoll-Würfel schneiden; In eine große Schüssel geben. In einer kleinen Schüssel Paprika, Kreuzkümmel, trockenen Senf und Cayennepfeffer vermischen. Über das Schweinefleisch streuen und umrühren, damit es gleichmäßig bedeckt ist.

2. In einem Schmortopf mit 4 bis 5 Liter Fassungsvermögen Kokosöl bei mittlerer Hitze erhitzen. Fügen Sie die Hälfte des Fleisches hinzu; kochen, bis es braun ist, dabei ab und zu umrühren. Das Fleisch aus der Pfanne nehmen. Mit dem restlichen Fleisch wiederholen. Legen Sie das Fleisch beiseite.

3. Pilze, Sellerie, rote Zwiebeln und Knoblauch in den Schmortopf geben. 5 Minuten kochen lassen, dabei gelegentlich umrühren. Geben Sie das Fleisch wieder in den Schmortopf. Fügen Sie vorsichtig die Hühnerknochenbrühe hinzu. Zum Kochen bringen; Hitze reduzieren. Abdecken und 45 Minuten köcheln lassen. Zucchini unterrühren. Abdecken und weitere 10 bis 15 Minuten köcheln lassen, bis das Schweinefleisch und der Kürbis weich sind. Senfgrün und Salbei unterrühren. 2-3 Minuten kochen lassen oder bis das Grün weich ist. Den Zitronensaft einrühren.

MIT FRÜCHTEN GEFÜLLTES SPITZENSTEAK MIT BRANDYSAUCE

AUSBILDUNG:30 Minuten Kochen: 10 Minuten Braten: 1 Stunde 15 Minuten Stehenlassen: 15 Minuten Ergibt: 8 bis 10 Portionen

DIESES ELEGANTE STEAK IST PERFEKT FÜREIN BESONDERER ANLASS ODER EIN FAMILIENTREFFEN – BESONDERS IM HERBST. SEINE AROMEN – APFEL, MUSKATNUSS, TROCKENFRÜCHTE UND PEKANNUSS – FANGEN DIE ESSENZ DIESER JAHRESZEIT EIN. SERVIEREN SIE ES MIT SÜßKARTOFFELPÜREE, PREISELBEERSALAT UND GERÖSTETEN RÜBEN (SIEHE).REZEPT).

STEAK

- 1 Esslöffel Olivenöl
- 2 Tassen gehackte, geschälte Granny-Smith-Äpfel (ca. 2 mittelgroße)
- 1 Schalotte, fein gehackt
- 1 Esslöffel frisch gehackter Thymian
- ¾ Teelöffel frisch gemahlener schwarzer Pfeffer
- ⅛ Teelöffel gemahlene Muskatnuss
- ½ Tasse gehackte getrocknete Aprikosen ohne Schwefel
- ¼ Tasse gehackte Pekannüsse, geröstet (sieheSpitze)
- 1 Tasse Hühnerknochenbrühe (sieheRezept) oder ungesalzene Hühnerbrühe
- 1 3 Pfund schweres Schweinesteak ohne Knochen (einzelner Bissen)

BRANDY-SAUCE

- 2 Esslöffel Apfelwein
- 2 Esslöffel Brandy
- 1 Teelöffel Dijon-Senf (sieheRezept)
- Frisch gemahlener schwarzer Pfeffer

1. Für die Füllung in einer großen Pfanne Olivenöl bei mittlerer Hitze erhitzen. Äpfel, Schalotten, Thymian, ¼

Teelöffel Pfeffer und Muskatnuss hinzufügen; 2 bis 4 Minuten kochen lassen oder bis Äpfel und Schalotten weich und leicht gebräunt sind, dabei gelegentlich umrühren. Aprikosen, Pekannüsse und 1 Esslöffel Brühe einrühren. Ohne Deckel 1 Minute kochen lassen, damit die Aprikosen weich werden. Vom Herd nehmen und beiseite stellen.

2. Den Ofen auf 325 °F vorheizen. Lassen Sie das Schweinesteak aufflackern, indem Sie die Mitte des Steaks der Länge nach bis auf einen Abstand von ½ Zoll von der anderen Seite einschneiden. Breiten Sie das Steak aus. Legen Sie das Messer mit der horizontalen Seite auf eine Seite des V in den V-Schnitt und schneiden Sie bis auf ½ Zoll von der Seite entfernt. Wiederholen Sie dies auf der anderen Seite des V. Breiten Sie das Steak aus und decken Sie es mit Plastikfolie ab. Arbeiten Sie von der Mitte zu den Rändern und schlagen Sie das Steak mit einem Fleischhammer, bis es etwa ¾ Zoll dick ist. Entfernen Sie die Plastikfolie und entsorgen Sie sie. Die Füllung oben auf dem Steak verteilen. Rollen Sie das Steak von der kurzen Seite beginnend spiralförmig auf. Binden Sie das Steak an mehreren Stellen mit Küchengarn aus 100 % Baumwolle zusammen, um es zusammenzuhalten. Bestreuen Sie das Steak mit dem restlichen ½ Teelöffel Pfeffer.

3. Legen Sie das Steak auf einen Rost in einer kleinen Pfanne. Stecken Sie ein Ofenthermometer in die Mitte des Bratens (nicht in die Füllung). Ohne Deckel 1 Stunde 15 Minuten bis 1 Stunde 30 Minuten rösten oder bis ein Thermometer 145 °F anzeigt. Steak herausnehmen und locker mit Folie

abdecken; Lassen Sie es 15 Minuten stehen, bevor Sie es in Scheiben schneiden.

4. In der Zwischenzeit für die Brandysauce die restliche Brühe und den Apfelwein in der Pfanne verquirlen und dabei umrühren, um alle gebräunten Stücke herauszukratzen. Den Bratensaft in einen mittelgroßen Topf abseihen. Zum Kochen bringen; Etwa 4 Minuten kochen lassen oder bis die Sauce um ein Drittel reduziert ist. Brandy und Dijon-Senf unterrühren. Mit zusätzlichem Pfeffer abschmecken. Die Soße zum Schweinebraten servieren.

SCHWEINEBRATEN NACH PORCHETTA-ART

AUSBILDUNG:15 Minuten Marinieren: Über Nacht: 40 Minuten Rösten: 1 Stunde Ergibt: 6 Portionen

TRADITIONELLE ITALIENISCHE PORCHETTA(IM AMERIKANISCHEN ENGLISCH MANCHMAL AUCH „PORKETTA" GESCHRIEBEN) IST EIN SPANFERKEL OHNE KNOCHEN, DAS MIT KNOBLAUCH, FENCHEL, PFEFFER UND KRÄUTERN WIE SALBEI ODER ROSMARIN GEFÜLLT, DANN AM SPIEß ANGESPIEßT UND ÜBER HOLZ GEBRATEN WIRD. AUßERDEM IST ES MEIST SEHR SALZIG. DIESE PALÄO-VERSION IST VEREINFACHT UND SEHR LECKER. ERSETZEN SIE DEN SALBEI BEI BEDARF DURCH FRISCHEN ROSMARIN ODER VERWENDEN SIE EINE MISCHUNG DER BEIDEN KRÄUTER.

1 2 bis 3 Pfund schwerer Schweinebraten ohne Knochen

2 Esslöffel Fenchelsamen

1 Teelöffel schwarze Pfefferkörner

½ TL gemahlener roter Pfeffer

6 Knoblauchzehen, gehackt

1 Esslöffel fein gehackte Orangenschale

1 Esslöffel gehackter frischer Salbei

3 Esslöffel Olivenöl

½ Tasse trockener Weißwein

½ Tasse Hühnerknochenbrühe (siehe Rezept) oder ungesalzene Hühnerbrühe

1. Den Schweinebraten aus dem Kühlschrank nehmen; 30 Minuten bei Zimmertemperatur stehen lassen. In der Zwischenzeit die Fenchelsamen in einer kleinen Pfanne bei mittlerer Hitze unter häufigem Rühren etwa 3 Minuten rösten, bis sie dunkel sind und duften. Cool In

eine Gewürzmühle oder eine saubere Kaffeemühle geben. Pfefferkörner und zerstoßenen roten Pfeffer hinzufügen. Auf eine mittelfeine Konsistenz mahlen. (Nicht zu Pulver mahlen.)

2. Den Ofen auf 325 °F vorheizen. In einer kleinen Schüssel die gemahlenen Gewürze, Knoblauch, Orangenschale, Salbei und Olivenöl zu einer Paste vermischen. Den Schweinebraten in einer kleinen Pfanne auf den Grill legen. Reiben Sie die Mischung über das gesamte Schweinefleisch. (Falls gewünscht, legen Sie das gewürzte Schweinefleisch in eine 9 × 13 × 2 Zoll große Backform aus Glas. Decken Sie es mit Plastikfolie ab und lassen Sie es über Nacht im Kühlschrank marinieren. Geben Sie das Fleisch vor dem Garen in eine Pfanne und lassen Sie es vor dem Garen 30 Minuten lang bei Raumtemperatur stehen . .)

3. Braten Sie das Schweinefleisch 1 bis 1½ Stunden lang oder bis ein sofort ablesbares Thermometer in der Mitte des Bratens 145 °F anzeigt. Übertragen Sie das Steak auf ein Schneidebrett und bedecken Sie es leicht mit Folie. Vor dem Schneiden 10 bis 15 Minuten ruhen lassen.

4. In der Zwischenzeit den Bratensaft in einen Messbecher aus Glas gießen. Fett von oben abschöpfen; beiseite legen. Stellen Sie die Pfanne auf den Herd. Den Wein und die Hühnerknochenbrühe in die Pfanne gießen. Bei mittlerer bis hoher Hitze zum Kochen bringen und dabei umrühren, um alle gebräunten Stücke abzukratzen. Etwa 4 Minuten kochen lassen oder bis die Mischung leicht reduziert ist. Den übriggebliebenen Bratensaft einrühren; Spannung.

Das Schweinefleisch tranchieren und mit der Soße servieren.

MIT TOMATILLO GESCHMORTES SCHWEINEFILET

AUSBILDUNG:40 Minuten Backen: 10 Minuten Kochen: 20 Minuten Braten: 40 Minuten Stehenlassen: 10 Minuten Ergibt: 6 bis 8 Portionen

TOMATEN HABEN EINE KLEBRIGE, SCHUPPIGE SCHALEUNTER IHREN PAPIERARTIGEN HÜLLEN. NACHDEM SIE DIE HAUT ENTFERNT HABEN, SPÜLEN SIE SIE KURZ UNTER FLIEßENDEM WASSER AB UND SCHON SIND SIE GEBRAUCHSFERTIG.

1 Kilogramm Tomaten, geschält, mit Stiel und Pfannkuchen

4 Serrano-Paprikaschoten, entstielt, entkernt und halbiert (sieheSpitze)

2 Jalapeños, entstielt, entkernt und halbiert (sieheSpitze)

1 große gelbe Paprika, entstielt, entkernt und halbiert

1 große orangefarbene Paprika, entstielt, entkernt und halbiert

2 Esslöffel Olivenöl

1 2 bis 2½ Pfund schweres Schweinelendensteak ohne Knochen

1 große gelbe Zwiebel, geschält, halbiert und in dünne Scheiben geschnitten

4 Knoblauchzehen, gehackt

¾ Tasse Wasser

¼ Tasse frischer Zitronensaft

¼ Tasse frisch gehackter Koriander

1. Den Grill auf höchste Stufe vorheizen. Ein Backblech mit Folie auslegen. Ordnen Sie die Tomatillos, Serrano-Paprika, Jalapeños und Gemüsepaprika auf dem vorbereiteten Backblech an. Das Gemüse 10 cm von der Hitze entfernt rösten, bis es gut verkohlt ist, dabei die Tomaten gelegentlich wenden und das Gemüse herausnehmen, während es verkohlt, etwa 10 bis 15 Minuten. Serranos, Jalapeños und Tomatillos in eine Schüssel geben. Legen Sie die Paprika auf einen Teller. Das Gemüse zum Abkühlen beiseite stellen.

2. In einer großen Pfanne Öl bei mittlerer bis hoher Hitze erhitzen, bis es schimmert. Den Schweinebraten mit sauberen Papiertüchern trocken tupfen und in die Pfanne geben. So lange braten, bis es von allen Seiten gut gebräunt ist, dabei das Steak gleichmäßig bräunen lassen. Übertragen Sie das Steak auf eine Platte. Hitze auf mittlere Stufe reduzieren. Zwiebel in die Pfanne geben; kochen und 5 bis 6 Minuten lang rühren, bis es goldbraun ist. Den Knoblauch hinzufügen; noch 1 Minute kochen lassen. Nehmen Sie die Pfanne vom Herd.

3. Den Ofen auf 350 °F vorheizen. Für die Tomatillo-Sauce die Tomatillos, Serranos und Jalapeños in einer Küchenmaschine oder einem Mixer vermischen. Abdecken und mixen oder verarbeiten, bis eine glatte Masse entsteht; Zur Zwiebel in die Pfanne geben. Stellen Sie die Pfanne auf den Herd. Zum Kochen bringen; 4 bis 5 Minuten kochen lassen oder bis die Mischung dunkel und dick ist. Wasser, Zitronensaft und Koriander vermischen.

4. Verteilen Sie die Tomatillo-Sauce in einem kleinen Bräter oder einer rechteckigen 3-Liter-Pfanne. Den Schweinebraten in die Soße legen. Mit Folie fest abdecken. 40 bis 45 Minuten lang rösten oder bis ein sofort ablesbares Thermometer in der Mitte des Steaks 140 °F anzeigt.

5. Die Paprika in Streifen schneiden. In der Pfanne unter die Tomatillosauce rühren. Leichtes Zelt mit Folie; 10 Minuten ruhen lassen. Geschnittenes Fleisch; die Soße vermischen. Schweinefleischscheiben großzügig mit Tomatillosauce servieren.

MIT APRIKOSEN GEFÜLLTES SCHWEINEFILET

AUSBILDUNG:20 Minuten Rösten: 45 Minuten Stehenlassen: 5 Minuten ergibt: 2 bis 3 Portionen

2 frische mittelgroße Aprikosen, grob gehackt
2 Esslöffel ungeschwefelte Rosinen
2 Esslöffel gehackte Walnüsse
2 Teelöffel frisch geriebener Ingwer
¼ Teelöffel gemahlener Kardamom
1 12-Unzen-Schweinefilet
1 Esslöffel Olivenöl
1 Esslöffel Senf nach Dijon-Art (siehe Rezept)
¼ Teelöffel schwarzer Pfeffer

1. Den Ofen auf 375 °F vorheizen. Ein Backblech mit Folie auslegen; Legen Sie einen Grill auf das Backblech.

2. In einer kleinen Schüssel Aprikosen, Rosinen, Walnüsse, Ingwer und Kardamom vermischen.

3. Machen Sie einen Längsschnitt in der Mitte des Schweinefleischs und schneiden Sie dabei bis zu ½ Zoll von der anderen Seite entfernt ab. Schmetterling, öffne es. Legen Sie das Schweinefleisch zwischen zwei Schichten Plastikfolie. Mit der flachen Seite eines Fleischhammers das Fleisch vorsichtig klopfen, bis es etwa einen Zentimeter dick ist. Falten Sie das hintere Ende, sodass ein gleichmäßiges Rechteck entsteht. Gießen Sie das Fleisch vorsichtig ein, um eine gleichmäßige Dicke zu erreichen.

4. Die Aprikosenmischung auf dem Schweinefleisch verteilen. Beginnen Sie am schmalen Ende und rollen Sie das Schweinefleisch. Binden Sie es mit Küchengarn aus 100 %

Baumwolle zusammen, zuerst in der Mitte, dann in Abständen von 2,5 cm. Legen Sie das Steak auf den Grill.

5. Olivenöl und Dijon-Senf mischen; Begießen Sie das Steak. Das Steak mit Pfeffer bestreuen. 45 bis 55 Minuten lang rösten oder bis ein sofort ablesbares Thermometer in der Mitte des Steaks 140 °F anzeigt. Vor dem Schneiden 5 bis 10 Minuten stehen lassen.

SCHWEINEFILET IN KRÄUTERKRUSTE MIT KNUSPRIGEM KNOBLAUCHÖL

AUSBILDUNG:15 Minuten braten: 30 Minuten kochen: 8 Minuten stehen lassen: 5 Minuten ergibt: 6 Portionen

⅓ Tasse Senf nach Dijon-Art (siehe<u>Rezept</u>)
¼ Tasse gehackte frische Petersilie
2 Esslöffel frisch gehackter Thymian
1 Esslöffel frisch gehackter Rosmarin
½ Teelöffel schwarzer Pfeffer
2 12-Unzen-Schweinefilets
½ Tasse Olivenöl
¼ Tasse frisch gehackter Knoblauch
¼ bis 1 Teelöffel gemahlener roter Pfeffer

1. Den Ofen auf 450 °F vorheizen. Ein Backblech mit Folie auslegen; Legen Sie einen Grill auf das Backblech.

2. In einer kleinen Schüssel Senf, Petersilie, Thymian, Rosmarin und schwarzen Pfeffer zu einer Paste vermischen. Die Senf-Kräuter-Mischung oben und an den Seiten des Schweinefleischs verteilen. Übertragen Sie das Schweinefleisch auf den Bräter. Legen Sie das Steak in den Ofen. Senken Sie die Temperatur auf 375°F. 30 bis 35 Minuten lang rösten oder bis ein sofort ablesbares Thermometer in der Mitte des Steaks 140 °F anzeigt. Vor dem Schneiden 5 bis 10 Minuten stehen lassen.

3. In der Zwischenzeit für das Knoblauchöl Olivenöl und Knoblauch in einem kleinen Topf vermischen. Bei mittlerer bis niedriger Hitze 8 bis 10 Minuten kochen lassen oder bis der Knoblauch goldbraun ist und anfängt zu brutzeln (den Knoblauch nicht anbrennen lassen). Vom

Herd nehmen; Mit zerkleinertem rotem Pfeffer mischen. Schweinefleischscheibe; Geben Sie vor dem Servieren Knoblauchöl auf die Scheiben.

INDISCH GEWÜRZTES SCHWEINEFLEISCH MIT KOKOSSAUCE

VOM ANFANG BIS ZUM ENDE: 20 Minuten ergeben: 2 Portionen

- 3 Teelöffel Currypulver
- 2 Teelöffel ungesalzenes Garam Masala
- 1 Teelöffel gemahlener Kreuzkümmel
- 1 Teelöffel gemahlener Koriander
- 1 12-Unzen-Schweinefilet
- 1 Esslöffel Olivenöl
- ½ Tasse natürliche Kokosmilch (z. B. Marke Nature's Way)
- ¼ Tasse frisch gehackter Koriander
- 2 Esslöffel gehackte frische Minze

1. In einer kleinen Schüssel 2 Teelöffel Currypulver, Garam Masala, Kreuzkümmel und Koriander vermischen. Schweinefleisch in ½ Zoll dicke Scheiben schneiden; mit Gewürzen bestreuen..

2. In einer großen Pfanne Olivenöl bei mittlerer Hitze erhitzen. Schweinefleischscheiben in die Pfanne geben; 7 Minuten kochen lassen, dabei einmal wenden. Schweinefleisch aus der Pfanne nehmen; abdecken, um warm zu bleiben. Für die Sauce die Kokosmilch und den restlichen 1 Teelöffel Currypulver in die Pfanne geben und umrühren, um die Stücke herauszukratzen. 2 bis 3 Minuten kochen lassen. Koriander und Minze unterrühren. Schweinefleisch hinzufügen; kochen, bis es erhitzt ist, und die Soße über das Schweinefleisch geben.

SCHWEINE-SCALOPPINI MIT GEWÜRZTEN ÄPFELN UND KASTANIEN

AUSBILDUNG:20 Minuten Kochzeit: 15 Minuten ergeben: 4 Portionen

2 12-Unzen-Schweinefilets

1 Esslöffel Zwiebelpulver

1 Esslöffel Knoblauchpulver

½ Teelöffel schwarzer Pfeffer

2 bis 4 Esslöffel Olivenöl

2 Fuji- oder Pink Lady-Äpfel, geschält, entkernt und grob gehackt

¼ Tasse fein gehackte Schalotten

¾ Teelöffel gemahlener Zimt

⅛ Teelöffel gemahlene Nelken

⅛ Teelöffel gemahlene Muskatnuss

½ Tasse Hühnerknochenbrühe (siehe Rezept) oder ungesalzene Hühnerbrühe

2 Esslöffel frischer Zitronensaft

½ Tasse geröstete, geschälte Kastanien, gehackte* oder gehackte Pekannüsse

1 Esslöffel gehackter frischer Salbei

1. Schneiden Sie das Filet schräg in ½ Zoll dicke Scheiben. Legen Sie die Schweinefleischscheiben zwischen zwei Lagen Plastikfolie. Mit der flachen Seite eines Fleischhammers dünn klopfen. Die Scheiben mit Zwiebelpulver, Knoblauchpulver und schwarzem Pfeffer bestreuen.

2. In einer großen Pfanne 2 Esslöffel Olivenöl bei mittlerer Hitze erhitzen. Das Schweinefleisch portionsweise 3 bis 4 Minuten garen, dabei einmal wenden und bei Bedarf Öl hinzufügen. Schweinefleisch auf einen Teller geben; abdecken und warm halten.

3. Erhöhen Sie die Hitze auf mittelhoch. Äpfel, Schalotten, Zimt, Nelken und Muskatnuss hinzufügen. 3 Minuten kochen und mischen. Hühnerknochenbrühe und Zitronensaft einrühren. Abdecken und 5 Minuten kochen lassen. Vom Herd nehmen; Kastanien und Salbei unterrühren. Die Apfelmischung über dem Schweinefleisch servieren.

*Hinweis: Um Kastanien zu rösten, heizen Sie den Ofen auf 400 °F vor. Schneiden Sie ein X in eine Seite der Kastanienschale. Dadurch kann sich die Haut beim Kochen lösen. Legen Sie die Kastanien auf ein Tablett und rösten Sie sie 30 Minuten lang oder bis sich die Schale von der Nuss löst und die Nüsse weich sind. Wickeln Sie die gerösteten Kastanien in ein sauberes Küchentuch. Reinigen Sie die Schalen und die Haut der gelb-weißen Walnuss.

SCHWEINEFLEISCH-FAJITA IM WOK ANBRATEN

AUSBILDUNG:20 Minuten zum Kochen: 22 Minuten Ergibt: 4 Portionen

1 Pfund Schweinefilet, in 2-Zoll-Streifen geschnitten
3 Esslöffel ungesalzenes Fajita-Gewürz oder mexikanisches Gewürz (siehe Rezept)
2 Esslöffel Olivenöl
1 kleine Zwiebel, in dünne Scheiben geschnitten
½ süße rote Paprika, entkernt und in dünne Scheiben geschnitten
½ orangefarbene Paprika, entkernt und in dünne Scheiben geschnitten
1 Jalapeño, entstielt und in dünne Scheiben geschnitten (siehe Spitze) (Optional)
½ TL Kreuzkümmelsamen
1 Tasse dünn geschnittene frische Champignons
3 Esslöffel frischer Zitronensaft
½ Tasse gehackter frischer Koriander
1 Avocado, kernlos, geschält und gewürfelt
Gewünschte Salsa (siehe Verschreibung)

1. Das Schweinefleisch mit 2 Esslöffeln Fajita-Gewürz bestreuen. In einer sehr großen Pfanne 1 Esslöffel Öl bei mittlerer bis hoher Hitze erhitzen. Die Hälfte des Schweinefleischs hinzufügen; kochen und etwa 5 Minuten lang rühren, bis die Farbe nicht mehr rosa ist. Das Fleisch in eine Schüssel geben und abdecken, damit es warm bleibt. Mit restlichem Öl und Schweinefleisch wiederholen.

2. Stellen Sie die Hitze auf mittlere Stufe. Den restlichen 1 Esslöffel Fajita-Gewürz, Zwiebel, Paprika, Jalapeño und Kreuzkümmel hinzufügen. Kochen und rühren Sie etwa 10 Minuten lang oder bis das Gemüse weich ist. Geben Sie das gesamte Fleisch und den angesammelten Bratensaft in die Pfanne. Pilze und Zitronensaft unterrühren. Kochen,

bis es durchgeheizt ist. Pfanne vom Herd nehmen; Koriander unterrühren. Mit Avocado und gewünschter Salsa servieren.

SCHWEINEFILET MIT PORTWEIN UND PFLAUMEN

AUSBILDUNG:10 Minuten braten: 12 Minuten stehen lassen: 5 Minuten ergeben: 4 Portionen

PORTWEIN IST EIN LIKÖRWEIN,DAS HEIßT, ES WIRD EIN BRANDY-ÄHNLICHER ALKOHOL HINZUGEFÜGT, UM DEN FERMENTATIONSPROZESS ZU STOPPEN. DAS BEDEUTET, DASS ER MEHR RESTZUCKER ENTHÄLT ALS TAFELROTWEIN UND DAHER SÜßER SCHMECKT. ES IST NICHT ETWAS, DAS MAN JEDEN TAG TRINKEN MÖCHTE, ABER AB UND ZU EIN WENIG BEIM KOCHEN ZU VERWENDEN, IST IN ORDNUNG.

2 12-Unzen-Schweinefilets

2½ Teelöffel gemahlener Koriander

¼ Teelöffel schwarzer Pfeffer

2 Esslöffel Olivenöl

1 Schalotte, in Scheiben geschnitten

½ Tasse Portwein

½ Tasse Hühnerknochenbrühe (sieheRezept) oder ungesalzene Hühnerbrühe

20 entkernte Pflaumen (Pflaumen)

½ TL gemahlener roter Pfeffer

2 Teelöffel frisch gehackter Estragon

1. Ofen auf 400 °F vorheizen. Schweinefleisch mit 2 Teelöffeln Koriander und schwarzem Pfeffer bestreuen.

2. In einer großen ofenfesten Pfanne Olivenöl bei mittlerer bis hoher Hitze erhitzen. Das Filet in die Pfanne geben. Etwa 8 Minuten lang braten, bis es von allen Seiten gleichmäßig gebräunt ist. Stellen Sie die Pfanne in den Ofen. Unbedeckt etwa 12 Minuten braten oder bis ein sofort ablesbares Thermometer in der Mitte des Steaks 140 °F anzeigt.

Übertragen Sie das Filet auf ein Schneidebrett. Locker mit Alufolie abdecken und 5 Minuten ruhen lassen.

3. In der Zwischenzeit für die Soße das Fett aus der Pfanne abtropfen lassen und 1 Esslöffel aufheben. Das Schnitzel in den restlichen Bratenfetten in einer Pfanne bei mittlerer Hitze etwa 3 Minuten lang braten, bis es braun und weich ist. Geben Sie den Portwein in die Pfanne. Zum Kochen bringen und dabei umrühren, um alle gebräunten Stücke abzukratzen. Fügen Sie die Hühnerknochenbrühe, die Pflaumen, die zerstoßene rote Paprika und den restlichen ½ Teelöffel Koriander hinzu. Bei mittlerer Hitze leicht reduzieren lassen, etwa 1 bis 2 Minuten. Estragon unterrühren.

4. Das Schweinefleisch tranchieren und mit Pflaumen und Soße servieren.

SCHWEINEFLEISCH NACH MOO-SHU-ART IN SALATBECHERN MIT SCHNELL EINGELEGTEM GEMÜSE

VOM ANFANG BIS ZUM ENDE: 45 Minuten ergeben: 4 Portionen

WENN SIE TRADITIONELLES MOO SHU GEGESSEN HABEN IN EINEM CHINESISCHEN RESTAURANT WISSEN SIE, DASS ES SICH UM EINE HERZHAFTE FÜLLUNG AUS FLEISCH UND GEMÜSE HANDELT, DIE IN DÜNNEN PFANNKUCHEN MIT SÜßER PFLAUMEN- ODER HOISINSAUCE GEGESSEN WIRD. DIESE LEICHTERE, FRISCHERE PALÄO-VERSION BESTEHT AUS SCHWEINEFLEISCH, CHINAKOHL UND SHIITAKE-PILZEN, IN INGWER UND KNOBLAUCH GERÖSTET UND IN SALAT-WRAPS MIT KNACKIG EINGELEGTEM GEMÜSE SERVIERT.

EINGELEGTES GEMÜSE

- 1 Tasse julienierte Karotten
- 1 Tasse julienierte Daikon-Radieschen
- ¼ Tasse gehackte rote Zwiebel
- 1 Tasse ungesüßter Apfelsaft
- ½ Tasse Apfelessig

SCHWEIN

- 2 Esslöffel Olivenöl oder raffiniertes Kokosöl
- 3 Eier, leicht geschlagen
- 8 Unzen Schweinefilet, in 2 × ½ Zoll große Streifen geschnitten
- 2 Teelöffel frisch gehackter Ingwer
- 4 Knoblauchzehen, gehackt
- 2 Tassen dünn geschnittener Chinakohl
- 1 Tasse dünn geschnittene Shiitake-Pilze
- ¼ Tasse Tee in dünne Scheiben schneiden

8 Boston-Salatblätter

1. Für schnelle Gurken in einer großen Schüssel Karotten, Daikon und Zwiebeln vermischen. Für die Lake Apfelsaft und Essig in einem Topf erhitzen, bis Dampf aufsteigt. Gießen Sie die Salzlake über das Gemüse in der Schüssel. abdecken und bis zum Servieren im Kühlschrank aufbewahren.

2. In einer großen Pfanne 1 Esslöffel Öl bei mittlerer bis hoher Hitze erhitzen. Mit einem Schneebesen die Eier leicht schlagen. Die Eier in die Pfanne geben; ohne Rühren ca. 3 Minuten kochen, bis der Boden fest ist. Drehen Sie das Ei vorsichtig mit einem flexiblen Spatel um und kochen Sie es auf der anderen Seite. Das Ei aus der Pfanne nehmen und auf einen Teller legen.

3. Stellen Sie die Pfanne auf den Herd. Den restlichen 1 Esslöffel Öl hinzufügen. Schweinestreifen, Ingwer und Knoblauch hinzufügen. Bei mittlerer bis hoher Hitze etwa 4 Minuten kochen und rühren, bis das Schweinefleisch nicht mehr rosa ist. Kohl und Pilze hinzufügen; kochen und etwa 4 Minuten lang umrühren, bis der Kohl zusammengefallen ist, die Pilze zart sind und das Schweinefleisch gar ist. Nehmen Sie die Pfanne vom Herd. Das gekochte Ei in Streifen schneiden. Eierstreifen und grünen Tee vorsichtig unter die Schweinefleischmischung mischen. In Salatblättern servieren und mit eingelegtem Gemüse belegen.

SCHWEINEKOTELETTS MIT MACADAMIAS, SALBEI, FEIGEN UND SÜßKARTOFFELPÜREE

AUSBILDUNG:15 Minuten Garzeit: 25 Minuten ergeben: 4 Portionen

IN VERBINDUNG MIT SÜßKARTOFFELPÜREE,DIESE SAFTIGEN, MIT SALBEI BESTREUTEN KOTELETTS SIND EIN PERFEKTES HERBSTESSEN – UND EINES, DAS SCHNELL ZUBEREITET IST UND SOMIT PERFEKT FÜR EINEN ARBEITSREICHEN ABEND UNTER DER WOCHE GEEIGNET IST.

- 4 Schweinekoteletts ohne Knochen, 1¼ Zoll dick geschnitten
- 3 Esslöffel gehackter frischer Salbei
- ¼ Teelöffel schwarzer Pfeffer
- 3 Esslöffel Macadamianussöl
- 2 kg Süßkartoffeln, geschält und in 2,5 cm große Stücke geschnitten
- ¾ Tasse gehackte Macadamianüsse
- ½ Tasse gehackte getrocknete Feigen
- ⅓ Tasse Rinderknochenbrühe (siehe<u>Rezept</u>) oder ungesalzene Rinderbrühe
- 1 Esslöffel frischer Zitronensaft

1. Schweinekoteletts auf beiden Seiten mit 2 Esslöffeln Salbei und Pfeffer bestreuen; mit den Fingern reiben. In einer großen Pfanne 2 Esslöffel Öl bei mittlerer Hitze erhitzen. Koteletts in die Pfanne geben; 15 bis 20 Minuten kochen lassen oder bis es fertig ist (145 °F), dabei nach der Hälfte der Garzeit einmal wenden. Koteletts auf einen Teller geben; abdecken, um warm zu bleiben.

2. In der Zwischenzeit in einem großen Topf die Süßkartoffeln und so viel Wasser vermengen, dass der Topf bedeckt ist. Zum Kochen bringen; Hitze reduzieren. Abdecken und 10

bis 15 Minuten köcheln lassen, bis die Kartoffeln weich sind. Kartoffeln abgießen. Den restlichen Esslöffel Macadamiaöl zu den Kartoffeln geben und cremig pürieren; warm halten

3. Für die Soße Macadamianüsse in die Pfanne geben; bei mittlerer Hitze kochen, bis es geröstet ist. Getrocknete Feigen und den restlichen 1 Esslöffel Salbei hinzufügen; 30 Sekunden kochen lassen. Geben Sie Rinderknochenbrühe und Zitronensaft in die Pfanne und rühren Sie um, um gebräunte Stücke herauszukratzen. Die Soße über die Schweinekoteletts gießen und mit Süßkartoffelpüree servieren.

MIT ROSMARIN UND LAVENDEL IN DER PFANNE GEBRATENE SCHWEINEKOTELETTS MIT GERÖSTETEN TRAUBEN UND WALNÜSSEN

AUSBILDUNG:10 Minuten kochen: 6 Minuten braten: 25 Minuten ergibt: 4 Portionen

DIE WEINTRAUBEN MIT DEN SCHWEINEKOTELETTS ANRÖSTENES INTENSIVIERT IHREN GESCHMACK UND IHRE SÜßE. ZUSAMMEN MIT KNACKIG GERÖSTETEN WALNÜSSEN UND EINER PRISE FRISCHEM ROSMARIN ERGEBEN SIE EINEN WUNDERBAREN BELAG FÜR DIESE HERZHAFTEN KOTELETTS.

- 2 Esslöffel frisch gehackter Rosmarin
- 1 Esslöffel gehackter frischer Lavendel
- ½ Teelöffel Knoblauchpulver
- ½ Teelöffel schwarzer Pfeffer
- 4 Schweinekoteletts, 1¼ Zoll dick geschnitten (ca. 3 Pfund)
- 1 Esslöffel Olivenöl
- 1 große Schalotte, in dünne Scheiben geschnitten
- 1½ Tassen rote und/oder grüne kernlose Weintrauben
- ½ Tasse trockener Weißwein
- ¾ Tasse grob gehackte Walnüsse
- Frisch gehackter Rosmarin

1. Den Ofen auf 375 °F vorheizen. In einer kleinen Schüssel 2 Esslöffel Rosmarin, Lavendel, Knoblauchpulver und Pfeffer vermischen. Die Kräutermischung gleichmäßig in die Schweinekoteletts einreiben. In einer sehr großen, ofenfesten Pfanne Olivenöl bei mittlerer Hitze erhitzen. Koteletts in die Pfanne geben; 6 bis 8 Minuten kochen

lassen oder bis es auf beiden Seiten gebräunt ist. Koteletts auf einen Teller geben; mit Folie abdecken.

2. Die Schalotten in die Pfanne geben. Bei mittlerer Hitze 1 Minute kochen und rühren. Weintrauben und Wein hinzufügen. Noch etwa zwei Minuten kochen lassen, dabei umrühren, um alle gebräunten Stücke abzukratzen. Die Schweinekoteletts in die Pfanne legen. Stellen Sie die Pfanne in den Ofen. 25 bis 30 Minuten lang rösten oder bis die Koteletts fertig sind (145 °F).

3. In der Zwischenzeit die Walnüsse in einer flachen Pfanne verteilen. Es wird mit Koteletts in den Ofen gegeben. Etwa 8 Minuten lang braten, bis sie goldbraun sind, dabei einmal umrühren, um ein gleichmäßiges Braten zu gewährleisten.

4. Zum Servieren die Schweinekoteletts mit gerösteten Weintrauben und Walnüssen belegen. Mit zusätzlichem frischem Rosmarin bestreuen.

FIORENTINA-SCHWEINEKOTELETTS MIT GEGRILLTEM BROKKOLI

AUSBILDUNG:20 Minuten Grillen: 20 Minuten Marinieren: 3 Minuten ergibt: 4 PortionenFOTO

„ALLA FIORENTINA"ES BEDEUTET IM GRUNDE „IM STIL VON FLORENZ". DIESES REZEPT IST NACH BISTECCA ALLA FIORENTINA GESTALTET, EINEM ÜBER EINEM HOLZFEUER GEGRILLTEN TOSKANISCHEN T-BONE MIT DEN EINFACHSTEN AROMEN – NORMALERWEISE NUR OLIVENÖL, SALZ, SCHWARZER PFEFFER UND EIN SPRITZER FRISCHER ZITRONE ZUM ABSCHLUSS.

- 1 Kilogramm Broccoli Rabe
- 1 Esslöffel Olivenöl
- 4 6 bis 8 Unzen schwere Schweinekoteletts mit Knochen, 1½ bis 2 Zoll dick geschnitten
- Grob gemahlener schwarzer Pfeffer
- 1 Zitrone
- 4 Knoblauchzehen, in dünne Scheiben schneiden
- 2 Esslöffel frisch gehackter Rosmarin
- 6 frische Salbeiblätter, gehackt
- 1 Teelöffel gemahlene rote Paprikaflocken (oder nach Geschmack)
- ½ Tasse Olivenöl

1. In einem großen Topf Broccoli Rabe in kochendem Wasser 1 Minute kochen. Sofort in eine Schüssel mit Eiswasser geben. Nach dem Abkühlen den Broccoli Rabe auf einem mit Papiertüchern ausgelegten Backblech abtropfen lassen und mit weiteren Papiertüchern so trocken wie möglich tupfen. Entfernen Sie die Papiertücher vom Backblech. Broccoli Rabe mit 1 Esslöffel Olivenöl

beträufeln und vermengen, bis es bedeckt ist; Bis zum Grillen beiseite stellen.

2. Die Schweinekoteletts auf beiden Seiten mit grob gemahlenem Pfeffer bestreuen; beiseite legen. Entfernen Sie mit einem Gemüseschäler die Schale der Zitrone (bewahren Sie die Zitrone für eine andere Verwendung auf). Drücken Sie Streifen von Zitronenschale, geschnittenem Knoblauch, Rosmarin, Salbei und zerstoßener roter Paprika auf eine große Servierplatte. beiseite legen.

3. Bewegen Sie bei einem Holzkohlegrill den Großteil der heißen Kohlen auf eine Seite des Grills und lassen Sie einige Kohlen unter der anderen Seite des Grills. Die Koteletts direkt über heißen Kohlen 2 bis 3 Minuten anbraten, bis sich eine braune Kruste bildet. Schnitzel wenden und auf der zweiten Seite weitere 2 Minuten braten. Legen Sie die Koteletts auf die andere Seite des Grills. Abdecken und 10 bis 15 Minuten grillen oder bis es fertig ist (145 °F). (Bei einem Gasgrill heizen Sie den Grill vor; reduzieren Sie die Hitze auf einer Seite des Grills auf mittlere Stufe. Braten Sie die Koteletts wie oben beschrieben bei starker Hitze an. Wechseln Sie zur mittleren Hitzeseite des Grills; fahren Sie wie oben beschrieben fort.)

4. Die Schnitzel auf den Teller legen. Die Koteletts mit ½ Tasse Olivenöl beträufeln und wenden, sodass beide Seiten bedeckt sind. Lassen Sie die Koteletts vor dem Servieren 3 bis 5 Minuten marinieren und wenden Sie sie dabei ein-

oder zweimal, um dem Fleisch die Aromen von Zitronenschale, Knoblauch und Kräutern zu verleihen.

5. Während die Koteletts ruhen, grillen Sie den Broccoli Rabe, bis er leicht verkohlt und durchgewärmt ist. Broccoli Rabe mit Schweinekoteletts auf einer Platte anrichten; Vor dem Servieren die Marinade über jedes Schnitzel und jeden Broccoli Rabe löffeln.

MIT ESKARIOL GEFÜLLTE SCHWEINEKOTELETTS

AUSBILDUNG: 20 Minuten Kochzeit: 9 Minuten ergeben: 4 Portionen

ESKARIOL KANN ALS GRÜNER SALAT GEGESSEN WERDEN ODER ALS SCHNELLE BEILAGE LEICHT MIT KNOBLAUCH IN OLIVENÖL ANBRATEN. HIER ERGIBT ES IN KOMBINATION MIT OLIVENÖL, KNOBLAUCH, SCHWARZEM PFEFFER, ZERKLEINERTEM ROTEM PFEFFER UND ZITRONE EINE WUNDERSCHÖNE HELLGRÜNE FÜLLUNG FÜR SAFTIGE SCHWEINEKOTELETTS.

4 6 bis 8 Unzen schwere Schweinekoteletts mit Knochen, ¾ Zoll dick geschnitten
½ mittelgroße Eskariole, fein gehackt
4 Esslöffel Olivenöl
1 Esslöffel frischer Zitronensaft
¼ Teelöffel schwarzer Pfeffer
¼ Teelöffel gemahlener roter Pfeffer
2 große Knoblauchzehen, gehackt
Olivenöl
1 Esslöffel gehackter frischer Salbei
¼ Teelöffel schwarzer Pfeffer
⅓ Tasse trockener Weißwein

1. Schneiden Sie mit einem Gemüsemesser eine tiefe, etwa 5 cm breite Tasche in die gebogene Seite jedes Schweinekoteletts. beiseite legen.

2. In einer großen Schüssel Eskariol, 2 Esslöffel Olivenöl, Zitronensaft, ¼ Teelöffel schwarzen Pfeffer, zerstoßenen roten Pfeffer und Knoblauch vermischen. Füllen Sie jedes Schnitzel mit einem Viertel der Mischung. Die Koteletts

mit Olivenöl bestreichen. Mit Salbei und ¼ Teelöffel gemahlenem schwarzem Pfeffer bestreuen.

3. In einer sehr großen Pfanne die restlichen 2 Esslöffel Olivenöl bei mittlerer bis hoher Hitze erhitzen. Das Schweinefleisch auf jeder Seite 4 Minuten goldbraun braten. Die Koteletts auf einen Teller geben. Den Wein in die Pfanne geben und die gebräunten Stücke herauskratzen. Bratensaft 1 Minute lang einkochen lassen.

4. Bestreichen Sie die Koteletts vor dem Servieren mit Bratensaft.

SCHWEINEKOTELETTS MIT DIJON-PEKANNUSSKRUSTE

AUSBILDUNG:15 Minuten Kochen: 6 Minuten Backen: 3 Minuten ergibt: 4 PortionenFOTO

DIESE SENFKOTELETTS MIT WALNUSSKRUSTEDIE ZUBEREITUNG KÖNNTE NICHT EINFACHER SEIN – UND DER GESCHMACK ÜBERWIEGT DEN AUFWAND BEI WEITEM. PROBIEREN SIE SIE MIT GERÖSTETEN ZIMT-ZUCCHINI (SIEHEREZEPT), NEOKLASSISCHER WALDORFSALAT (SIEHEREZEPT) ODER ROSENKOHL UND APFELSALAT (SIEHEREZEPT).

- ⅓ Tasse fein gehackte Pekannüsse, geröstet (sieheSpitze)
- 1 Esslöffel gehackter frischer Salbei
- 3 Esslöffel Olivenöl
- 4 in der Mitte geschnittene Schweinekoteletts mit Knochen, etwa 1 Zoll dick (insgesamt etwa 2 Pfund)
- ½ Teelöffel schwarzer Pfeffer
- 2 Esslöffel Olivenöl
- 3 Esslöffel Senf nach Dijon-Art (sieheRezept)

1. Ofen auf 400 °F vorheizen. In einer kleinen Schüssel Pekannüsse, Salbei und 1 Esslöffel Olivenöl vermischen.

2. Schweinekoteletts mit Pfeffer bestreuen. In einer großen ofenfesten Pfanne die restlichen 2 Esslöffel Olivenöl bei starker Hitze erhitzen. Koteletts hinzufügen; etwa 6 Minuten kochen lassen oder bis sie auf beiden Seiten gebräunt sind, dabei einmal wenden. Nehmen Sie die Pfanne vom Herd. Die Koteletts mit Dijon-Senf bestreichen; Über die Pekannussmischung streuen und leicht in den Senf drücken.

3. Stellen Sie die Pfanne in den Ofen. 3 bis 4 Minuten backen oder bis die Koteletts fertig sind (145 °F).

SCHWEINEFLEISCH IN WALNUSSKRUSTE MIT BROMBEER-SPINAT-SALAT

AUSBILDUNG: 30 Minuten Kochzeit: 4 Minuten ergeben: 4 Portionen

SCHWEINEFLEISCH HAT EINEN NATÜRLICH SÜßEN GESCHMACK WAS GUT ZU OBST PASST. OBWOHL DIE ÜBLICHEN VERDÄCHTIGEN HERBSTFRÜCHTE WIE ÄPFEL UND BIRNEN ODER STEINOBST WIE PFIRSICHE, PFLAUMEN UND APRIKOSEN SIND, SCHMECKT SCHWEINEFLEISCH AUCH KÖSTLICH MIT BROMBEEREN, DIE EINEN SÜß-SÄUERLICHEN GESCHMACK HABEN, DER DEM WEIN ÄHNELT.

- 1⅔ Tassen Brombeeren
- 1 Esslöffel plus 1½ Teelöffel Wasser
- 3 Esslöffel Walnussöl
- 1 Esslöffel plus 1½ Teelöffel Weißweinessig
- 2 Eier
- ¾ Tasse Mandelmehl
- ⅓ Tasse fein gehackte Walnüsse
- 1 Esslöffel plus 1½ Teelöffel mediterranes Gewürz (siehe Rezept)
- 4 Schweinekoteletts oder Schweinekoteletts ohne Knochen (insgesamt 1 bis 1½ Pfund)
- 6 Tassen frische Babyspinatblätter
- ½ Tasse frisch zerzupfte Basilikumblätter
- ½ Tasse gehackte rote Zwiebel
- ½ Tasse gehackte, geröstete Walnüsse (siehe Spitze)
- ¼ Tasse raffiniertes Kokosöl

1. Für die Brombeervinaigrette in einem kleinen Topf 1 Tasse Brombeeren und Wasser vermischen. Zum Kochen bringen; Hitze reduzieren. Zugedeckt 4 bis 5 Minuten

kochen oder bis die Beeren weich und hellbraun sind, dabei gelegentlich umrühren. Vom Herd nehmen; es kühlt etwas ab. Ungeschälte Brombeeren in einen Mixer oder eine Küchenmaschine geben; abdecken und mixen oder verarbeiten, bis eine glatte Masse entsteht. Drücken Sie die pürierten Beeren mit der Rückseite eines Löffels durch ein feinmaschiges Sieb. Samen und Feststoffe entsorgen. In einer mittelgroßen Schüssel die passierten Beeren, Walnussöl und Essig vermischen. beiseite legen.

2. Ein großes Backblech mit Backpapier auslegen; beiseite legen. In einer leicht tiefen Schüssel die Eier vorsichtig mit einer Gabel verquirlen. In einer anderen flachen Schüssel das Mandelmehl, ⅓ Tasse gehackte Walnüsse und das mediterrane Gewürz vermischen. Tauchen Sie die Schweinekoteletts einzeln in die Eier und dann in die Nussmischung und wenden Sie sie, bis sie gleichmäßig bedeckt sind. Die panierten Schweinekoteletts auf das vorbereitete Backblech legen; beiseite legen.

3. In einer großen Schüssel Spinat und Basilikum vermischen. Verteilen Sie das Gemüse auf vier Servierteller und ordnen Sie es entlang einer Seite des Tellers an. Mit ⅔ Tasse restlichen Beeren, roten Zwiebeln und ½ Tasse gerösteten Walnüssen belegen. Mit Brombeervinaigrette beträufeln.

4. In einer sehr großen Pfanne Kokosöl bei mittlerer bis hoher Hitze erhitzen. Schweinekotelett in die Pfanne geben; Etwa 4 Minuten kochen lassen oder bis es fertig ist (145 °F), dabei einmal wenden. Schweinekoteletts auf die Salatteller geben.

SCHWEINESCHNITZEL MIT SÜßSAUREM ROTKOHL

AUSBILDUNG:20 Minuten zum Kochen: 45 Minuten Ergibt: 4 Portionen

IM „PALEO-PRINZIPIEN" ABSCHNITT DIESES BUCHES, MANDELMEHL (AUCH MANDELMEHL GENANNT) WIRD ALS NICHT-PALÄO-ZUTAT AUFGEFÜHRT – NICHT WEIL MANDELMEHL VON NATUR AUS SCHLECHT IST, SONDERN WEIL ES HÄUFIG ZUR HERSTELLUNG VON ANALOGA ZU BROWNIES, KEKSEN, KUCHEN USW. VERWENDET WIRD, WAS NICHT DER FALL SEIN SOLLTE. SEIEN SIE EIN REGELMÄßIGER BESTANDTEIL DER REAL PALEO DIET®. SPARSAM VERWENDET ALS BELAG FÜR EINE DÜNNE SCHALE VON GEBRATENEM SCHWEINE- ODER GEFLÜGELFLEISCH, WIE ES HIER DER FALL IST, IST DAS KEIN PROBLEM.

KOHL

- 2 Esslöffel Olivenöl
- 1 Tasse gehackte rote Zwiebel
- 6 Tassen dünn geschnittener Rotkohl (etwa ein halber Kopf)
- 2 Granny-Smith-Äpfel, geschält, entkernt und gewürfelt
- ¾ Tasse frischer Orangensaft
- 3 Esslöffel Apfelessig
- ½ TL Kreuzkümmelsamen
- ½ Teelöffel Selleriesamen
- ½ Teelöffel schwarzer Pfeffer

SCHWEIN

- 4 Schweinekoteletts ohne Knochen, ½ Zoll dick geschnitten
- 2 Tassen Mandelmehl
- 1 Esslöffel getrocknete Zitronenschale
- 2 Teelöffel schwarzer Pfeffer

¾ Teelöffel gemahlener Piment
1 großes Ei
¼ Tasse Mandelmilch
3 Esslöffel Olivenöl
Zitronenscheiben

1. Für den Süß-Sauer-Kohl Olivenöl in einem 6-Liter-Dutch-Ofen bei mittlerer bis niedriger Hitze erhitzen. Zwiebel hinzufügen; 6 bis 8 Minuten kochen lassen oder bis es weich und leicht gebräunt ist. Kohl hinzufügen; 6 bis 8 Minuten kochen und rühren, bis der Kohl knusprig und zart ist. Äpfel, Orangensaft, Essig, Kreuzkümmel, Selleriesamen und ½ Teelöffel Pfeffer hinzufügen. Zum Kochen bringen; Reduzieren Sie die Hitze auf einen niedrigen Wert. Abdecken und 30 Minuten kochen lassen, dabei gelegentlich umrühren. Abdecken und kochen, bis die Flüssigkeit leicht reduziert ist.

2. In der Zwischenzeit die Koteletts für das Schweinefleisch zwischen zwei Lagen Frischhaltefolie oder Wachspapier legen. Mit der flachen Seite eines Fleischhammers oder Nudelholzes klopfen, bis die Masse etwa ¼ Zoll dick ist. beiseite legen.

3. In einer flachen Schüssel Mandelmehl, getrocknete Zitronenschale, 2 Teelöffel Pfeffer und Piment vermischen. In einer anderen flachen Schüssel das Ei und die Mandelmilch verquirlen. Die Schweinekoteletts leicht mit dem gewürzten Mehl bestreichen und den Überschuss abschütteln. Tauchen Sie es in die Eimischung und dann erneut in das gewürzte Mehl, schütteln Sie den Überschuss ab. Mit den restlichen Schnitzeln wiederholen.

4. In einer großen Pfanne Olivenöl bei mittlerer bis hoher Hitze erhitzen. 2 Koteletts in die Pfanne geben. 6 bis 8 Minuten kochen lassen oder bis die Koteletts goldbraun und gar sind, dabei einmal wenden. Die Koteletts auf eine warme Platte geben. Wiederholen Sie den Vorgang mit den restlichen 2 Schnitzeln.

5. Schnitzel mit Kohl und Zitronenscheiben servieren.

GEBRATENER TRUTHAHN MIT ZERDRÜCKTEN KNOBLAUCHWURZELN

AUSBILDUNG:1 Stunde Braten: 2 Stunden 45 Minuten Stehenlassen: 15 Minuten Ergibt: 12 bis 14 Portionen

SUCHEN SIE NACH EINEM TRUTHAHN, DER HATES WURDE KEINE KOCHSALZLÖSUNG INJIZIERT. WENN AUF DEM ETIKETT „VERBESSERT" ODER „SELBSTIMPRÄGNIEREND" STEHT, IST ES WAHRSCHEINLICH VOLLER NATRIUM UND ANDERER ZUSATZSTOFFE.

- 1 12 bis 14 Pfund schwerer Truthahn
- 2 Esslöffel mediterrane Gewürze (siehe Rezept)
- ¼ Tasse Olivenöl
- 3 Pfund mittelgroße Karotten, geschält, geputzt und der Länge nach halbiert oder geviertelt
- 1 Rezept Püree mit Knoblauch (siehe Rezept, untere)

1. Den Ofen auf 200 °C (425 °F) vorheizen. Hals und Innereien vom Truthahn entfernen; bei Bedarf für eine andere Verwendung reservieren. Lösen Sie vorsichtig die Haut am Brustrand. Führen Sie Ihre Finger unter die Haut, um über der Brust und über den Stäbchen eine Tasche zu

bilden. 1 Esslöffel mediterranes Gewürz unter die Haut geben; Verteilen Sie es mit den Fingern gleichmäßig auf der Brust und dem Trommelfell. Ziehen Sie die Nackenhaut zurück; es wird mit einem Spieß gefangen. Legen Sie die Enden der Trommeln unter den Lederstreifen über dem Schwanz. Wenn kein Lederband vorhanden ist, binden Sie die Schwanztrommeln mit Küchengarn aus 100 % Baumwolle fest. Drehen Sie die Flügelspitzen unter den Rücken.

2. Legen Sie den Truthahn mit der Brust nach oben auf einen Rost in eine sehr große, flache Pfanne. Den Truthahn mit 2 EL Öl bestreichen. Den Truthahn mit dem restlichen mediterranen Gewürz bestreuen. Führen Sie ein ofenfestes Fleischthermometer in die Mitte eines Muskels im Oberschenkel ein; Das Thermometer sollte den Knochen nicht berühren. Decken Sie den Truthahn locker mit Folie ab.

3. 30 Minuten rösten. Reduzieren Sie die Ofentemperatur auf 325 °F. 1,5 Stunden rösten. In einer sehr großen Schüssel Karotten und die restlichen 2 Esslöffel Öl vermischen; werfen, um zu bedecken. Die Karotten in einer großen Auflaufform mit Rand verteilen. Entfernen Sie die Folie vom Truthahn und schneiden Sie den Lederstreifen oder die Schnur zwischen den Stäbchen ab. Braten Sie die Karotten und den Truthahn 45 Minuten bis weitere 1 ¼ Stunden lang oder bis ein Thermometer 175 °F anzeigt.

4. Nehmen Sie den Truthahn aus dem Ofen. Abdeckung; Vor dem Schneiden 15 bis 20 Minuten ruhen lassen. Servieren

Sie den Truthahn mit Karotten und Knoblauchwurzelpüree.

Wurzelpüree mit Knoblauch: Schneiden und schälen Sie 3 bis 3½ Pfund Steckrüben und 1½ bis 2 Pfund Selleriewurzel; in 2-Zoll-Stücke schneiden. In einem 6-Liter-Topf die Steckrüben und die Selleriewurzel in ausreichend kochendem Wasser kochen, um sie 25 bis 30 Minuten lang oder bis sie sehr weich sind, zu bedecken. In der Zwischenzeit in einem kleinen Topf 3 Esslöffel natives Öl extra und 6 bis 8 gehackte Knoblauchzehen vermischen. Bei schwacher Hitze 5 bis 10 Minuten kochen lassen oder bis der Knoblauch stark duftet, aber nicht gebräunt ist. Fügen Sie vorsichtig ¾ Tasse Hühnerknochenbrühe hinzu (sieheRezept) oder ungesalzene Hühnerbrühe. Zum Kochen bringen; Vom Herd nehmen. Das Gemüse abtropfen lassen und zurück in den Topf geben. Das Gemüse mit einem Kartoffelstampfer zerdrücken oder mit einem Elektromixer auf niedriger Stufe schlagen. ½ TL schwarzen Pfeffer hinzufügen. Nach und nach pürieren oder die Brühe unterrühren, bis das Gemüse vermischt und fast glatt ist. Fügen Sie bei Bedarf eine weitere ¼ Tasse Hühnerknochenbrühe hinzu, um die gewünschte Konsistenz zu erreichen.

PUTENBRUST GEFÜLLT MIT PESTOSAUCE UND RUCOLASALAT

AUSBILDUNG:30 Minuten Braten: 1 Stunde 30 Minuten Ruhezeit: 20 Minuten ergibt: 6 Portionen

DIES IST FÜR DIE LIEBHABER VON WEIßEM FLEISCHDORT – EINE KNUSPRIGE PUTENBRUST GEFÜLLT MIT SONNENGETROCKNETEN TOMATEN, BASILIKUM UND MEDITERRANEN GEWÜRZEN. RESTE ERGEBEN EIN TOLLES MITTAGESSEN.

1 Tasse getrocknete, ungeschwefelte Tomaten (nicht mit Öl gefüllt)

1 Hälfte einer 4 Pfund schweren Putenbrust ohne Knochen und Haut

3 Teelöffel mediterrane Gewürze (sieheRezept)

1 Tasse frisch verpackte Basilikumblätter

1 Esslöffel Olivenöl

8 Unzen Baby-Rucola

3 große Tomaten, halbiert und in Scheiben geschnitten

¼ Tasse Olivenöl

2 Esslöffel Rotweinessig

Schwarzer Pfeffer

1½ Tassen Basilikumpesto (sieheRezept)

1. Den Ofen auf 375 °F vorheizen. Gießen Sie in einer kleinen Schüssel so viel kochendes Wasser über die getrockneten Tomaten, dass sie bedeckt sind. Lassen Sie es 5 Minuten lang stehen; abtropfen lassen und fein hacken.

2. Legen Sie die Putenbrust mit der Haut nach unten auf ein großes Stück Plastikfolie. Legen Sie ein weiteres Blatt Plastikfolie über den Truthahn. Schlagen Sie das Bruststück mit der flachen Seite eines Fleischhammers vorsichtig auf eine gleichmäßige Dicke, etwa ¾ Zoll dick.

Entsorgen Sie die Plastikfolie. Streuen Sie 1½ Teelöffel mediterranes Gewürz über das Fleisch. Mit Tomaten und Basilikumblättern bedecken. Rollen Sie die Putenbrust vorsichtig auf, sodass die Haut außen bleibt. Binden Sie das Steak mit Küchengarn aus 100 % Baumwolle an vier bis sechs Stellen zusammen, um es zu sichern. Mit 1 Esslöffel Olivenöl beträufeln. Bestreuen Sie das Steak mit den restlichen 1½ Teelöffeln mediterranem Gewürz.

3. Legen Sie das Steak mit der Hautseite nach oben auf einen Rost in einer kleinen Pfanne. Unbedeckt 1 1/2 Stunden braten oder bis ein in der Nähe der Mitte eingesetztes sofort ablesbares Thermometer 165 °F anzeigt und die Haut goldbraun und knusprig ist. Den Truthahn aus dem Ofen nehmen. Locker mit Folie abdecken; Lassen Sie es 20 Minuten stehen, bevor Sie es in Scheiben schneiden.

4. Für den Rucola-Salat in einer großen Schüssel Rucola, Tomaten, ¼ Tasse Olivenöl, Essig und Pfeffer nach Geschmack vermischen. Entfernen Sie die Fäden vom Steak. Den Truthahn in dünne Scheiben schneiden. Serviert wird es mit Rucolasalat und Basilikumpesto.

GEWÜRZTE PUTENBRUST MIT KIRSCH-BBQ-SAUCE

AUSBILDUNG:15 Minuten Braten: 1 Stunde 15 Minuten Ruhezeit: 45 Minuten ergibt: 6 bis 8 Portionen

DAS IST EIN WUNDERSCHÖNES REZEPT DAFÜREINE MENSCHENMENGE BEI EINEM GRILLFEST IM HINTERHOF BEDIENEN, WENN SIE ETWAS ANDERES ALS BURGER ZUBEREITEN MÖCHTEN. SERVIEREN SIE ES MIT EINEM KNACKIGEN SALAT, ZUM BEISPIEL DEM CRISPY BROCCOLI SALAD (SIEHEREZEPT) ODER GERIEBENER ROSENKOHLSALAT (SIEHEREZEPT).

1 4 bis 5 Pfund ganze Putenbrust mit Knochen

3 Esslöffel geräucherte Gewürze (sieheRezept)

2 Esslöffel frischer Zitronensaft

3 Esslöffel Olivenöl

1 Tasse trockener Weißwein, zum Beispiel Sauvignon Blanc

1 Tasse frische oder gefrorene Bing-Kirschen, ungesüßt, entkernt und gehackt

⅓ Tasse Wasser

1 Tasse BBQ-Sauce (sieheRezept)

1. Lassen Sie die Putenbrust 30 Minuten bei Zimmertemperatur ruhen. Den Ofen auf 325°F vorheizen. Legen Sie die Putenbrust mit der Hautseite nach oben auf einen Rost in einer Pfanne.

2. In einer kleinen Schüssel die geräucherten Gewürze, den Zitronensaft und das Olivenöl zu einer Paste vermischen. Lösen Sie die Haut vom Fleisch; Die Hälfte der Paste vorsichtig auf dem Fleisch unter der Haut verteilen.

Verteilen Sie die restliche Paste gleichmäßig auf der Haut. Gießen Sie den Wein auf den Boden der Pfanne.

3. 1¼ bis 1½ Stunden lang rösten, oder bis die Haut goldbraun ist und ein sofort ablesbares Thermometer, das in die Mitte des Steaks gesteckt wird (ohne den Knochen zu berühren), 170°F anzeigt, indem man die Pfanne nach der Hälfte der Garzeit dreht. Vor dem Schneiden 15 bis 30 Minuten ruhen lassen.

4. In der Zwischenzeit für die Cherry BBQ Sauce die Kirschen und das Wasser in einem mittelgroßen Topf vermengen. Zum Kochen bringen; Hitze reduzieren. Ohne Deckel 5 Minuten kochen lassen. BBQ-Sauce einrühren; 5 Minuten kochen lassen. Warm oder bei Zimmertemperatur zum Truthahn servieren.

IN WEIN GESCHMORTES PUTENFLEISCH

AUSBILDUNG:30 Minuten Kochzeit: 35 Minuten ergeben: 4 Portionen

DEN TRUTHAHN IN DER PFANNE KOCHENIN EINER KOMBINATION AUS WEIN, GEHACKTEN ROMA-TOMATEN, HÜHNERBRÜHE, FRISCHEN KRÄUTERN UND ZERSTOßENEM ROTEM PFEFFER VERLEIHT ES IHM EINEN GROßARTIGEN GESCHMACK. SERVIEREN SIE DIESES EINTOPFGERICHT IN FLACHEN SCHÜSSELN UND MIT GROßEN LÖFFELN, UM BEI JEDEM BISSEN EIN WENIG VON DER LECKEREN BRÜHE ZU ERHALTEN.

2 8 bis 12 Unzen schwere Putenfilets, in 2,5 cm große Stücke geschnitten

2 Esslöffel Gewürz für den Vogel ohne Salz

2 Esslöffel Olivenöl

6 Knoblauchzehen, gehackt (1 Esslöffel)

1 Tasse gehackte Zwiebel

½ Tasse gehackter Sellerie

6 Roma-Tomaten, entkernt und gehackt (ca. 3 Tassen)

½ Tasse trockener Weißwein, zum Beispiel Sauvignon Blanc

½ Tasse Hühnerknochenbrühe (sieheRezept) oder ungesalzene Hühnerbrühe

½ Teelöffel fein gehackter frischer Rosmarin

¼ bis ½ Teelöffel gemahlener roter Pfeffer

½ Tasse frische Basilikumblätter, gehackt

½ Tasse gehackte frische Petersilie

1. In einer großen Schüssel Putenstücke mit Geflügelgewürz vermischen. In einer sehr großen beschichteten Pfanne 1 Esslöffel Olivenöl bei mittlerer Hitze erhitzen. Den Truthahn nach und nach in heißem Öl anbraten, bis er von

allen Seiten braun ist. (Truthahn muss nicht gekocht werden.) Auf einen Teller geben und warm halten.

2. Geben Sie den restlichen 1 Esslöffel Olivenöl in die Pfanne. Erhöhen Sie die Hitze auf mittelhoch. Den Knoblauch hinzufügen; kochen und 1 Minute rühren. Zwiebel und Sellerie hinzufügen; kochen und 5 Minuten rühren. Fügen Sie den Truthahn und eventuelle Säfte vom Teller, Tomaten, Wein, Hühnerknochenbrühe, Rosmarin und zerstoßene rote Paprika hinzu. Reduzieren Sie die Hitze auf mittel-niedrig. Abdecken und 20 Minuten kochen lassen, dabei gelegentlich umrühren. Basilikum und Petersilie hinzufügen. Aufdecken und weitere 5 Minuten garen, bis der Truthahn nicht mehr rosa ist.

GEBRATENE PUTENBRUST MIT SCHNITTLAUCH-SCAMPI-SAUCE

AUSBILDUNG:30 Minuten Kochzeit: 15 Minuten ergeben: 4 Portionen<u>FOTO</u>

DIE INNEREIEN DER PUTE HALBIERENHORIZONTAL UND SO GLEICHMÄßIG WIE MÖGLICH, DRÜCKEN SIE VORSICHTIG MIT DER HANDFLÄCHE AUF JEDES STÜCK UND ÜBEN SIE GLEICHMÄßIGEN DRUCK AUS, WÄHREND SIE DAS FRUCHTFLEISCH DURCHSCHNEIDEN.

- ¼ Tasse Olivenöl
- 2 8 bis 12 Unzen schwere Putenbrustfilets, horizontal halbiert
- ¼ Teelöffel frisch gemahlener schwarzer Pfeffer
- 3 Esslöffel Olivenöl
- 4 Knoblauchzehen, gehackt
- 8 Unzen geschälte und entdarmte mittelgroße Garnelen, Schwänze entfernt und der Länge nach halbiert
- ¼ Tasse trockener Weißwein, Hühnerknochenbrühe (siehe<u>Rezept</u>) oder ungesalzene Hühnerbrühe
- 2 Esslöffel frisch gehackter Schnittlauch
- ½ Teelöffel fein abgeriebene Zitronenschale
- 1 Esslöffel frischer Zitronensaft
- Kürbis- und Tomatennudeln (siehe<u>Rezept</u>, unten) (optional)

1. In einer sehr großen Pfanne 1 Esslöffel Olivenöl bei mittlerer bis hoher Hitze erhitzen. Truthahn in die Pfanne geben; mit Pfeffer bestreuen. Hitze auf mittlere Stufe reduzieren. 12 bis 15 Minuten kochen lassen oder bis die Farbe nicht mehr rosa ist und der Saft klar austritt (165 °F), dabei nach der Hälfte der Garzeit einmal wenden. Die Putensteaks aus der Pfanne nehmen. Zum Warmhalten mit Folie abdecken.

2. Für die Soße 3 Esslöffel Öl in derselben Pfanne bei mittlerer Hitze erhitzen. Den Knoblauch hinzufügen; 30 Sekunden kochen lassen. Garnelen unterrühren; kochen und 1 Minute rühren. Wein, Schnittlauch und Zitronenschale einrühren; kochen und noch 1 Minute umrühren, bis die Garnelen undurchsichtig werden. Vom Herd nehmen; mit Zitronensaft vermischen. Zum Servieren die Sauce über die Putenbraten löffeln. Nach Belieben mit Zucchini und Tomatennudeln servieren.

Kürbis-Tomaten-Nudeln: Mit einer Mandoline oder einem Julienne-Schäler zwei gelbe Sommerkürbisse in Julienne-Streifen schneiden. In einer großen Pfanne 1 Esslöffel natives Olivenöl extra bei mittlerer bis hoher Hitze erhitzen. Kürbisstreifen hinzufügen; 2 Minuten kochen lassen. Fügen Sie 1 Tasse geviertelte Traubentomaten und ¼ Teelöffel frisch gemahlenen schwarzen Pfeffer hinzu; Weitere 2 Minuten kochen, bis die Zucchini knusprig und zart ist.

GESCHMORTE PUTENKEULEN MIT WURZEL

AUSBILDUNG:30 Minuten Kochzeit: 1 Stunde 45 Minuten ergibt: 4 Portionen

DIES IST EINES DIESER GERICHTESIE MÖCHTEN ES AN EINEM FRISCHEN HERBSTNACHMITTAG ZUBEREITEN, WENN SIE ZEIT FÜR EINEN SPAZIERGANG HABEN, WÄHREND ES IM OFEN KÖCHELT. WENN DIE BEWEGUNG IHREN APPETIT NICHT ANREGT, WIRD DER WUNDERBARE DUFT, WENN SIE DURCH DIE TÜR KOMMEN, SICHERLICH WECKEN.

3 Esslöffel Olivenöl

4 20 bis 24 Unzen schwere Putenkeulen

½ Teelöffel frisch gemahlener schwarzer Pfeffer

6 Knoblauchzehen, gereinigt und gehackt

1½ Teelöffel Fenchelsamen, gequetscht

1 Teelöffel ganzer Piment, gequetscht*

1½ Tassen Hühnerknochenbrühe (sieheRezept) oder ungesalzene Hühnerbrühe

2 Zweige frischer Rosmarin

2 Zweige frischer Thymian

1 Lorbeerblatt

2 große Zwiebeln, geschält und in je 8 Scheiben geschnitten

6 große Karotten, geschält und in 2,5 cm dicke Scheiben geschnitten

2 große Rüben, geschält und in 2,5 cm große Würfel geschnitten

2 mittelgroße Pastinaken, geschält und in 2,5 cm dicke Scheiben geschnitten**

1 Selleriewurzel, geschält und in 2,5 cm große Stücke geschnitten

1. Backofen auf 350 °F vorheizen. In einer großen Pfanne das Olivenöl bei mittlerer bis hoher Hitze erhitzen, bis es schimmert. 2 Putenkeulen hinzufügen. Etwa 8 Minuten kochen lassen oder bis die Keulen von allen Seiten goldbraun und knusprig sind und gleichmäßig braun

werden. Putenkeulen auf einen Teller legen; Wiederholen Sie dies mit den restlichen 2 Putenkeulen. Beiseite legen.

2. Pfeffer, Knoblauch, Fenchelsamen und Pimentsamen in die Pfanne geben. Bei mittlerer Hitze 1 bis 2 Minuten kochen und rühren, bis es duftet. Hühnerknochenbrühe, Rosmarin, Thymian und Lorbeerblatt einrühren. Zum Kochen bringen und dabei umrühren, um alle gebräunten Stücke vom Boden der Pfanne abzukratzen. Die Pfanne vom Herd nehmen und beiseite stellen.

3. In einem sehr großen Schmortopf mit dicht schließendem Deckel Zwiebeln, Karotten, Rüben, Pastinaken und Selleriewurzel vermengen. Pfannenflüssigkeit hinzufügen; werfen, um zu bedecken. Die Putenkeulen in die Gemüsemischung drücken. Mit Deckel abdecken.

4. Etwa 1 Stunde und 45 Minuten backen oder bis das Gemüse weich und der Truthahn gar ist. Putenkeulen und Gemüse in großen, flachen Schüsseln servieren. Den Bratensaft darüber träufeln.

*Tipp: Um Piment- und Fenchelsamen zu zerdrücken, legen Sie die Samen auf ein Schneidebrett. Drücken Sie mit der flachen Seite eines Kochmessers nach unten, um die Kerne vorsichtig zu zerdrücken.

**Tipp: Von den Pastinaken die großen Stücke abschneiden.

KRÄUTER-PUTENHACKBRATEN MIT KARAMELLISIERTEM ZWIEBELKETCHUP UND GERÖSTETEN KOHLSCHEIBEN

AUSBILDUNG:15 Minuten Kochen: 30 Minuten Backen: 1 Stunde 10 Minuten Ruhezeit: 5 Minuten ergibt: 4 Portionen

EIN KLASSISCHER HACKBRATEN MIT KETCHUP IST ES AUF JEDEN FALLIM PALÄO-MENÜ, WENN KETCHUP (SIEHE<u>REZEPT</u>) ENTHÄLT KEIN ZUGESETZTES SALZ UND ZUCKER. DABEI WIRD KETCHUP MIT KARAMELLISIERTEN ZWIEBELN VERMISCHT, DIE VOR DEM BACKEN AUF DAS BROT GESTAPELT WERDEN.

- 1½ Kilo gemahlener Truthahn
- 2 Eier, leicht geschlagen
- ½ Tasse Mandelmehl
- ⅓ Tasse gehackte frische Petersilie
- ¼ Tasse dünn geschnittener Tee (2)
- 1 Esslöffel gehackter frischer Salbei oder 1 Teelöffel getrockneter Salbei, zerstoßen
- 1 Esslöffel frisch gehackter Thymian oder 1 Teelöffel getrockneter, zerstoßener Thymian
- ¼ Teelöffel schwarzer Pfeffer
- 2 Esslöffel Olivenöl
- 2 süße Zwiebeln, halbiert und in dünne Scheiben geschnitten
- 1 Tasse Paleo-Ketchup (siehe<u>Rezept</u>)
- 1 kleiner Kohl, halbiert, entkernt und in 8 Spalten geschnitten
- ½ bis 1 Teelöffel gemahlener roter Pfeffer

1. Backofen auf 350 °F vorheizen. Ein großes Blech mit Backpapier auslegen; beiseite legen. In einer großen Schüssel Putenhackfleisch, Eier, Mandelmehl, Petersilie, Zwiebel, Salbei, Thymian und schwarzen Pfeffer

vermischen. In der vorbereiteten Bratpfanne aus der Putenmischung einen 20 x 10 cm großen Laib formen. 30 Minuten backen.

2. In der Zwischenzeit für den karamellisierten Zwiebelketchup 1 Esslöffel Olivenöl in einer großen Pfanne bei mittlerer Hitze erhitzen. Zwiebel hinzufügen; Etwa 5 Minuten kochen lassen oder bis die Zwiebel anfängt zu bräunen, dabei häufig umrühren. Reduzieren Sie die Hitze auf mittel-niedrig; Etwa 25 Minuten kochen lassen oder bis es goldbraun und sehr weich ist, dabei gelegentlich umrühren. Vom Herd nehmen; Paleo-Ketchup unterrühren.

3. Ein Löffel karamellisierter Zwiebelketchup auf einem Truthahnbrötchen. Die Kohlscheiben rund um das Brot anordnen. Den Kohl mit dem restlichen 1 Esslöffel Olivenöl beträufeln; Mit gemahlenem rotem Pfeffer bestreuen. Backen Sie das Brot etwa 40 Minuten lang oder bis ein sofort ablesbares Thermometer in der Mitte des Brotes 165 °F anzeigt. Geben Sie zusätzlich karamellisierten Zwiebelketchup darüber und wenden Sie die Kohlscheiben nach 20 Minuten um. Lassen Sie das Putenbrot vor dem Schneiden 5 bis 10 Minuten ruhen.

4. Putenbrot mit Krautsalatspalten und dem restlichen karamellisierten Zwiebelketchup servieren.

TRUTHAHN-POSOLE

AUSBILDUNG:20 Minuten Backen: 8 Minuten Kochen: 16 Minuten ergibt: 4 Portionen

DIE TOPPINGS DIESER WÄRMENDEN SUPPE NACH MEXIKANISCHER ARTSIE SIND MEHR ALS NUR BEILAGEN. KORIANDER SORGT FÜR EINEN UNVERWECHSELBAREN GESCHMACK, AVOCADO FÜR CREMIGKEIT – UND GERÖSTETE PEPITAS SORGEN FÜR EINEN KÖSTLICHEN CRUNCH.

8 frische Tomaten

1¼ bis 1½ Pfund gemahlener Truthahn

1 süße rote Paprika, entkernt und in dünne, mundgerechte Streifen geschnitten

½ Tasse gehackte Zwiebel (1 mittelgroße)

6 Knoblauchzehen, gehackt (1 Esslöffel)

1 Esslöffel mexikanische Gewürze (sieheRezept)

2 Tassen Hühnerknochenbrühe (sieheRezept) oder ungesalzene Hühnerbrühe

1 14,5-Unzen-Dose ohne Salzzusatz feuergeröstete Tomaten, unausgepresst

1 Jalapeño- oder Serrano-Pfeffer, entkernt und gehackt (sieheSpitze)

1 mittelgroße Avocado, halbiert, geschält, entkernt und in dünne Scheiben geschnitten

¼ Tasse ungesalzene, geröstete Nuggets (sieheSpitze)

¼ Tasse frisch gehackter Koriander

Limettenscheiben

1. Grill vorheizen. Entfernen Sie die Haut von der Tomate und entsorgen Sie sie. Die Tomaten waschen und halbieren. Legen Sie die Tomatenhälften auf den unbeheizten Rost einer Grillpfanne. Bei einer Hitze von 10 bis 12 cm 8 bis 10 Minuten lang grillen oder bis es leicht verkohlt ist, dabei nach der Hälfte der Backzeit einmal wenden. In der Pfanne auf einem Kuchengitter vorsichtig abkühlen lassen.

2. In der Zwischenzeit in einer großen Pfanne den Truthahn, die Paprika und die Zwiebeln bei mittlerer bis hoher Hitze 5 bis 10 Minuten lang anbraten, oder bis der Truthahn gebräunt und das Gemüse zart ist, dabei mit einem Holzlöffel umrühren, um das Ganze zu zerkleinern Fleisch. während es kocht. Bei Bedarf das Fett abtropfen lassen. Den Knoblauch und die mexikanischen Gewürze hinzufügen. Noch 1 Minute kochen und umrühren.

3. In einem Mixer etwa zwei Drittel der verkohlten Tomaten und 1 Tasse Hühnerknochenbrühe vermischen. Abdecken und glatt rühren. Geben Sie die Putenmischung in die Pfanne. Restliche 1 Tasse Hühnerknochenbrühe, unausgedrückte Tomaten und scharfe Paprika einrühren. Die restlichen Tomaten grob hacken; zur Truthahnmischung hinzufügen. Zum Kochen bringen; Hitze reduzieren. Abdecken und 10 Minuten köcheln lassen.

4. Zum Servieren die Suppe in flache Schüsseln füllen. Mit Avocado, Pepitas und Koriander belegen. Geben Sie die Limettenschnitze zum Auspressen über die Suppe.

HÜHNERKNOCHENBRÜHE

AUSBILDUNG:15 Minuten Braten: 30 Minuten Kochen: 4 Stunden Kühlen: über Nacht
Ergibt: etwa 10 Tassen

FÜR DAS FRISCHESTE, DEN BESTEN GESCHMACK – UND DAS HÖCHSTENÄHRSTOFFGEHALT – VERWENDEN SIE IN IHREN REZEPTEN HAUSGEMACHTE HÜHNERBRÜHE (AUCH KEIN SALZ, KONSERVIERUNGSSTOFFE ODER ZUSATZSTOFFE). DAS RÖSTEN DER KNOCHEN VOR DEM KOCHEN VERBESSERT DEN GESCHMACK. WÄHREND SIE LANGSAM IN DER FLÜSSIGKEIT KOCHEN, VERSORGEN DIE KNOCHEN DIE BRÜHE MIT MINERALIEN WIE KALZIUM, PHOSPHOR, MAGNESIUM UND KALIUM. MIT DER SLOW-COOKER-VARIANTE UNTEN IST DIE ZUBEREITUNG BESONDERS EINFACH. FRIEREN SIE ES IN 2- UND 4-TASSEN-BEHÄLTERN EIN UND TAUEN SIE NUR DAS AUF, WAS SIE BRAUCHEN.

- 2 kg Hähnchenflügel und Rücken
- 4 Karotten, gehackt
- 2 große Lauchstangen, nur weiße und hellgrüne Teile, in dünne Scheiben geschnitten
- 2 Stangen Sellerie mit Blättern, grob gehackt
- 1 Pastinake, grob gehackt
- 6 große Zweige italienische Petersilie (mit flachen Blättern).
- 6 Zweige frischer Thymian
- 4 Knoblauchzehen, halbiert
- 2 Teelöffel ganze schwarze Pfefferkörner
- 2 ganze Nelken
- Kaltes Wasser

1. Den Ofen auf 200 °C (425 °F) vorheizen. Hähnchenflügel und Rücken auf einem großen Backblech anrichten; 30 bis 35 Minuten rösten, bis es gut gebräunt ist.

2. Übertragen Sie die gebräunten Hähnchenstücke und alle gebräunten Stücke, die sich auf dem Backblech angesammelt haben, in einen großen Topf. Karotten, Lauch, Sellerie, Pastinaken, Petersilie, Thymian, Knoblauch, Pfefferkörner und Nelken hinzufügen. Geben Sie so viel kaltes Wasser (ca. 12 Tassen) in einen großen Topf, dass das Huhn und das Gemüse bedeckt sind. Bei mittlerer Hitze zum Kochen bringen; Passen Sie die Hitze so an, dass die Brühe auf einem sehr niedrigen Niveau köchelt und die Blasen gerade erst an der Oberfläche aufsteigen. Abdecken und 4 Stunden köcheln lassen.

3. Die heiße Brühe durch ein großes Sieb passieren, das mit zwei Lagen feuchtem Käsetuch aus 100 % Baumwolle ausgelegt ist. Entsorgen Sie die Feststoffe. Decken Sie die Brühe ab und stellen Sie sie über Nacht in den Kühlschrank. Vor dem Gebrauch die Fettschicht von der Oberseite der Brühe abschöpfen und entsorgen.

Tipp: Um die Brühe zu klären (optional), vermischen Sie in einer kleinen Schüssel 1 Eiweiß, 1 zerstoßene Eierschale und ¼ Tasse kaltes Wasser. Rühren Sie die Mischung in die abgeseifte Brühe im Topf ein. Zum Kochen bringen. Vom Herd nehmen; 5 Minuten stehen lassen. Die heiße Brühe durch ein Sieb abseihen, das mit einer frischen doppelten Schicht Käsetuch aus 100 % Baumwolle ausgelegt ist. Vor Gebrauch das Fett abkühlen und entfetten.

Anweisungen für den Slow Cooker: Bereiten Sie die Zubereitung wie in Schritt 2 angegeben vor. Geben Sie die Zutaten in einen 5 bis 6 Liter fassenden Slow Cooker.

Abdecken und bei niedriger Temperatur 12 bis 14 Stunden garen. Fahren Sie wie in Schritt 3 beschrieben fort. Ergibt etwa 10 Tassen.

GRÜNER HARISSA-LACHS

AUSBILDUNG:25 Minuten Backen: 10 Minuten Grillen: 8 Minuten ergibt: 4 PortionenFOTO

ES WIRD EIN HANDELSÜBLICHER GEMÜSESCHÄLER VERWENDETUM FRISCHEN ROHEN SPARGEL FÜR DEN SALAT IN DÜNNE STREIFEN ZU SCHNEIDEN. MIT HELLER ZITRUSVINAIGRETTE VERFEINERT (SIEHEREZEPT) UND GARNIERT MIT GERÄUCHERTEN SONNENBLUMENKERNEN IST ES EINE ERFRISCHENDE BEILAGE ZUR WÜRZIGEN LACHS-GRÜN-KRÄUTER-SAUCE.

LACHS

4 6 bis 8 Unzen schwere Lachsfilets, frisch oder gefroren, ohne Haut, etwa 2,5 cm dick

Olivenöl

HARISSA

1½ TL Kreuzkümmelsamen

1½ TL Koriandersamen

1 Tasse dicht gepackte frische Petersilienblätter

1 Tasse grob gehackter frischer Koriander (Blätter und Stängel)

2 Jalapeños, entkernt und grob gehackt (sieheSpitze)

1 Zwiebel, gehackt

2 Knoblauchzehen

1 Teelöffel fein gehackte Zitronenschale

2 Esslöffel frischer Zitronensaft

⅓ Tasse Olivenöl

GEWÜRZTE SONNENBLUMENKERNE

⅓ Tasse rohe Sonnenblumenkerne

1 Teelöffel Olivenöl

1 Teelöffel geräucherte Gewürze (sieheRezept)

SALAT
12 große Spargelstangen, geputzt (ca. 1 kg)
⅓ Tasse helle Zitrusvinaigrette (siehe Rezept)

1. Tauen Sie den Fisch auf, falls er gefroren ist; mit Papiertüchern trocknen. Beide Seiten des Fisches leicht mit Olivenöl bestreichen. Beiseite legen.

2. Für die Harissa die Kreuzkümmel- und Koriandersamen in einer kleinen Pfanne bei mittlerer Hitze 3 bis 4 Minuten rösten, bis sie leicht geröstet sind und duften. In einer Küchenmaschine die gerösteten Kreuzkümmel- und Koriandersamen, Petersilie, Koriander, Jalapeños, Frühlingszwiebeln, Knoblauch, Zitronenschale, Zitronensaft und Olivenöl vermischen. Zu einer glatten Masse verarbeiten. Beiseite legen.

3. Für die gewürzten Sonnenblumenkerne den Ofen auf 300 °F vorheizen. Ein Backblech mit Backpapier auslegen; beiseite legen. In einer kleinen Schüssel die Sonnenblumenkerne und 1 Teelöffel Olivenöl vermischen. Streuen Sie das geräucherte Gewürz über die Kerne. Zum Überziehen werfen. Die Sonnenblumenkerne gleichmäßig auf dem Backpapier verteilen. Etwa 10 Minuten lang backen oder bis es leicht geröstet ist.

4. Für einen Holzkohle- oder Gasgrill legen Sie den Lachs direkt bei mittlerer Hitze auf einen gefetteten Grill. Abdecken und 8 bis 12 Minuten grillen oder bis der Fisch beim Testen mit einer Gabel zu schuppen beginnt, dabei nach der Hälfte der Grillzeit einmal wenden.

5. In der Zwischenzeit für den Salat die Spargelstangen mit einem Sparschäler in lange, dünne Streifen schneiden. Auf

eine mittelgroße Platte oder Schüssel geben. (Die Spitzen brechen, wenn die Speere dünner werden; auf einen Teller oder eine Schüssel geben.) Die helle Zitrusvinaigrette über die geraspelten Speere träufeln. Mit gewürzten Sonnenblumenkernen bestreuen.

6. Zum Servieren je ein Filet auf die vier Teller legen; Auf jedes Filet einen Löffel grünes Harissa geben. Serviert mit geriebenem Spargelsalat.

GEGRILLTER LACHS MIT MARINIERTEM ARTISCHOCKENHERZSALAT

AUSBILDUNG:20 Minuten Grillen: 12 Minuten ergeben: 4 Portionen

OFT DAS BESTE WERKZEUG, UM EINEN SALAT ZUZUBEREITENES SIND DEINE HÄNDE DAMIT DER ZARTE SALAT UND DIE GEGRILLTEN ARTISCHOCKEN GLEICHMÄßIG IN DIESEN SALAT EINGEARBEITET WERDEN, GESCHIEHT DIES AM BESTEN MIT SAUBEREN HÄNDEN.

4 6 Unzen frische oder gefrorene Lachsfilets
1 9-Unzen-Packung gefrorene Artischockenherzen, aufgetaut und abgetropft
5 Esslöffel Olivenöl
2 Esslöffel gehackte Schalotten
1 Esslöffel fein gehackte Zitronenschale
¼ Tasse frischer Zitronensaft
3 Esslöffel frisch gehackter Oregano
½ Teelöffel frisch gemahlener schwarzer Pfeffer
1 Esslöffel mediterranes Gewürz (sieheRezept)
1 5-Unzen-Packung Babysalat

1. Tauen Sie den Fisch auf, falls er gefroren ist. Spülen Sie den Fisch ab; mit Papiertüchern trocknen. Legen Sie den Fisch beiseite.

2. In einer mittelgroßen Schüssel Artischockenherzen mit 2 Esslöffeln Olivenöl vermischen; beiseite legen. In einer großen Schüssel 2 Esslöffel Olivenöl, Schalotte, Zitronenschale, Zitronensaft und Oregano vermischen; beiseite legen.

3. Für einen Holzkohle- oder Gasgrill legen Sie die Artischockenherzen in einen Grillkorb und grillen sie direkt bei mittlerer bis hoher Hitze. Abdecken und 6 bis 8 Minuten grillen oder bis es gut verkohlt und durchgeheizt ist, dabei häufig umrühren. Die Artischocken vom Grill nehmen. 5 Minuten abkühlen lassen, dann die Artischocken zur Schalottenmischung geben. Pfeffern; werfen, um zu bedecken. Beiseite legen.

4. Den Lachs mit dem restlichen 1 Esslöffel Olivenöl bestreichen; Mit mediterranem Gewürz bestreuen. Legen Sie den Lachs mit der gewürzten Seite nach unten direkt bei mittlerer bis hoher Hitze auf den Grill. Abdecken und 6 bis 8 Minuten grillen oder bis der Fisch beim Testen mit einer Gabel zu schuppen beginnt, dabei nach der Hälfte der Garzeit einmal vorsichtig wenden.

5. Den Salat mit der marinierten Artischocke in die Schüssel geben; Zum Überziehen vorsichtig umrühren. Den gegrillten Lachssalat servieren.

GEBRATENER CHILENISCHER SALBEI-LACHS MIT GRÜNER TOMATENSALSA

AUSBILDUNG:35 Minuten kalt: 2 bis 4 Stunden Steak: 10 Minuten ergibt: 4 Portionen

„FLASH-ROASTING" BEZIEHT SICH AUF DIE TECHNIKEINE TROCKENE PFANNE IM OFEN AUF HÖCHSTER STUFE ERHITZEN, ETWAS ÖL UND DEN FISCH, DAS HUHN ODER DAS FLEISCH HINZUFÜGEN (BRUTZELN!) UND DAS GERICHT DANN IM OFEN FERTIGSTELLEN. SCHNELLES FRITTIEREN VERKÜRZT DIE GARZEIT UND SORGT AUßEN FÜR EINE KÖSTLICH KNUSPRIGE KRUSTE – UND INNEN FÜR EIN SAFTIGES, AROMATISCHES AROMA.

LACHS

4 5 bis 6 Unzen frische oder gefrorene Lachsfilets

3 Esslöffel Olivenöl

¼ Tasse fein gehackte Zwiebel

2 Knoblauchzehen, gereinigt und in Scheiben geschnitten

1 Esslöffel gemahlener Koriander

1 Teelöffel gemahlener Kreuzkümmel

2 Teelöffel süßer Paprika

1 Teelöffel getrockneter Oregano, zerstoßen

¼ Teelöffel Cayennepfeffer

⅓ Tasse frischer Zitronensaft

1 Esslöffel gehackter frischer Salbei

GRÜNE TOMATENSALSA

1½ Tassen gewürfelte grüne Tomaten

⅓ Tasse fein gehackte rote Zwiebel

2 Esslöffel frisch gehackter Koriander

1 Jalapeño, entkernt und gehackt (sieheSpitze)

1 Knoblauchzehe, gehackt

½ Teelöffel gemahlener Kreuzkümmel
¼ Teelöffel Chilipulver
2 bis 3 Esslöffel frischer Zitronensaft

1. Tauen Sie den Fisch auf, falls er gefroren ist. Spülen Sie den Fisch ab; mit Papiertüchern trocknen. Legen Sie den Fisch beiseite.

2. Für die Chili-Salbei-Paste in einem kleinen Topf 1 Esslöffel Olivenöl, Zwiebel und Knoblauch vermischen. Bei schwacher Hitze 1 bis 2 Minuten kochen lassen oder bis es duftet. Koriander und Kreuzkümmel einrühren; kochen und 1 Minute rühren. Paprika, Oregano und Cayennepfeffer mischen; kochen und 1 Minute rühren. Zitronensaft und Salbei hinzufügen; kochen und etwa 3 Minuten lang rühren, bis eine glatte Paste entsteht; Cool

3. Bestreichen Sie beide Seiten der Filets mit den Fingern mit Chili-Salbei-Paste. Legen Sie den Fisch in ein Glas oder einen nicht reaktiven Behälter. fest mit Plastikfolie abdecken. 2 bis 4 Stunden kühl stellen.

4. In der Zwischenzeit für die Salsa Tomaten, Zwiebeln, Koriander, Jalapeño, Knoblauch, Kreuzkümmel und Chilipulver in einer mittelgroßen Schüssel vermischen. Zum Kombinieren gut umrühren. Mit Zitronensaft bestreuen; werfen, um zu bedecken.

4. Mit einem Gummispatel so viel Paste wie möglich vom Lachs abkratzen. Entsorgen Sie die Paste.

5. Stellen Sie eine sehr große Gusseisenpfanne in den Ofen. Ofen auf 500°F vorheizen. Den Backofen mit der Pfanne darin vorheizen.

6. Nehmen Sie die heiße Pfanne aus dem Ofen. 1 Esslöffel Olivenöl in die Pfanne geben. Drehen Sie die Pfanne um, sodass der Boden der Pfanne mit Öl bedeckt ist. Die Filets mit der Hautseite nach unten in die Pfanne legen. Die Oberseite der Filets mit dem restlichen 1 Esslöffel Olivenöl bestreichen.

7. Grillen Sie den Lachs etwa 10 Minuten lang oder bis der Fisch beim Testen mit einer Gabel zu schuppen beginnt. Den Fisch mit der Salsa servieren.

GEBRATENER LACHS UND SPARGEL IN PAPILLOTEN MIT ZITRONEN-HASELNUSS-PESTO

AUSBILDUNG:20 Minuten Steak: 17 Minuten ergeben: 4 Portionen

KOCHEN „EN PAPILLOTE" BEDEUTET EINFACH KOCHEN IN PAPIER.ES IST AUS VIELEN GRÜNDEN EINE SCHÖNE ART ZU KOCHEN. DER FISCH UND DAS GEMÜSE WERDEN IN DER PERGAMENTVERPACKUNG GEDÜNSTET, WODURCH SAFT, GESCHMACK UND NÄHRSTOFFE ERHALTEN BLEIBEN – UND ES MÜSSEN KEINE TÖPFE UND PFANNEN DANACH GEWASCHEN WERDEN.

- 4 6 Unzen frische oder gefrorene Lachsfilets
- 1 Tasse lose verpackte frische Basilikumblätter
- 1 Tasse leicht verpackte frische Petersilienblätter
- ½ Tasse Haselnüsse, geröstet*
- 5 Esslöffel Olivenöl
- 1 Teelöffel fein gehackte Zitronenschale
- 2 Esslöffel frischer Zitronensaft
- 1 Knoblauchzehe, gehackt
- 1 Kilo dünner Spargel, geschnitten
- 4 Esslöffel trockener Weißwein

1. Tauen Sie den Lachs auf, falls er gefroren ist. Spülen Sie den Fisch ab; mit Papiertüchern trocknen. Ofen auf 400 °F vorheizen.

2. Für das Pesto Basilikum, Petersilie, Haselnüsse, Olivenöl, Zitronenschale, Zitronensaft und Knoblauch in einem Mixer oder einer Küchenmaschine vermischen. Abdecken

und mixen oder verarbeiten, bis eine glatte Masse entsteht; beiseite legen.

3. Schneiden Sie vier 12-Zoll-Quadrate aus Pergamentpapier aus. Legen Sie für jede Packung ein Lachsfilet in die Mitte eines Pergamentquadrats. Mit einem Viertel des Spargels und 2 bis 3 Esslöffel Pesto belegen; Mit 1 Esslöffel Wein bestreuen. Nehmen Sie zwei gegenüberliegende Seiten des Pergamentpapiers und falten Sie es einige Male über dem Fisch zusammen. Falten Sie die Enden des Pergaments zum Verschließen um. Wiederholen Sie diesen Vorgang, um drei weitere Packungen herzustellen.

4. 17 bis 19 Minuten lang rösten, oder bis der Fisch beim Testen mit einer Gabel anfängt zu schuppen (öffnen Sie die Verpackung vorsichtig, um zu prüfen, ob er gar ist).

*Tipp: Um Haselnüsse zu rösten, heizen Sie den Ofen auf 350 °F vor. Walnüsse in einer einzigen Schicht in einer flachen Auflaufform verteilen. 8 bis 10 Minuten backen oder bis es leicht gebräunt ist, dabei einmal umrühren, um eine gleichmäßige Bräunung zu erzielen. Die Nüsse etwas abkühlen lassen. Legen Sie die warmen Walnüsse auf ein sauberes Küchentuch. Mit einem Handtuch abreiben, um lose Haut zu entfernen.

MIT GEWÜRZEN EINGERIEBENER LACHS MIT PILZEN UND APFELSAUCE

VOM ANFANG BIS ZUM ENDE: 40 Minuten ergeben: 4 Portionen

DAS GANZE LACHSFILET GARNIERT MIT EINER MISCHUNG AUS SAUTIERTEN PILZEN, SCHALOTTEN UND ROTSCHALIGEN APFELSCHEIBEN – UND SERVIERT AUF EINEM BETT AUS HELLGRÜNEM SPINAT – IST ES EIN BEEINDRUCKENDES GERICHT, DAS SIE IHREN GÄSTEN SERVIEREN KÖNNEN.

- 1 ganzes Lachsfilet, frisch oder gefroren, 1,5 kg, mit Haut
- 1 Teelöffel Fenchelsamen, fein gehackt*
- ½ Teelöffel getrockneter Salbei, zerstoßen
- ½ Teelöffel gemahlener Koriander
- ¼ Teelöffel trockener Senf
- ¼ Teelöffel schwarzer Pfeffer
- 2 Esslöffel Olivenöl
- 1½ Tassen frische Cremini-Pilze, geviertelt
- 1 mittelgroße Schalotte, sehr dünn geschnitten
- 1 kleiner Kochapfel, geviertelt, entkernt und in dünne Scheiben geschnitten
- ¼ Tasse trockener Weißwein
- 4 Tassen frischer Spinat
- Kleine Zweige frischer Salbei (optional)

1. Tauen Sie den Lachs auf, falls er gefroren ist. Ofen auf 425°F vorheizen. Ein großes Backblech mit Backpapier auslegen; beiseite legen. Spülen Sie den Fisch ab; mit Papiertüchern trocknen. Den Lachs mit der Hautseite nach unten auf das vorbereitete Backblech legen. In einer kleinen Schüssel die Fenchelsamen, ½ Teelöffel getrockneten Salbei, Koriander, Senf und Pfeffer vermischen. Gleichmäßig über den Lachs streuen; mit den Fingern reiben.

2. Messen Sie die Dicke des Fisches. Grillen Sie den Lachs 4 bis 6 Minuten pro ½ Zoll Dicke oder bis der Fisch beim Testen mit einer Gabel zu schuppen beginnt.

3. In der Zwischenzeit für die Pfannensauce Olivenöl in einer großen Pfanne bei mittlerer Hitze erhitzen. Pilze und Schalotten hinzufügen; 6 bis 8 Minuten kochen oder bis die Pilze weich sind und anfangen zu bräunen, dabei gelegentlich umrühren. Apfel hinzufügen; abdecken und weitere 4 Minuten kochen und umrühren. Den Wein vorsichtig hinzufügen. Ohne Deckel 2-3 Minuten kochen lassen oder bis die Apfelscheiben gerade zart sind. Geben Sie die Pilzmischung mit einem Schaumlöffel in eine mittelgroße Schüssel. abdecken, um warm zu bleiben.

4. In derselben Pfanne den Spinat 1 Minute lang oder bis der Spinat zusammengefallen ist, unter ständigem Rühren kochen. Den Spinat auf vier Servierteller verteilen. Das Lachsfilet in vier gleiche Teile schneiden, dabei die Haut, aber nicht die Haut durchschneiden. Heben Sie die Lachsportionen mit einem großen Spatel von der Haut ab. Auf jeden Teller eine Portion Lachs auf Spinat geben. Die Pilzmischung gleichmäßig auf dem Lachs verteilen. Nach Belieben mit frischem Salbei garnieren.

*Tipp: Die Fenchelsamen mit einem Mörser oder einer Gewürzmühle fein zerstoßen.

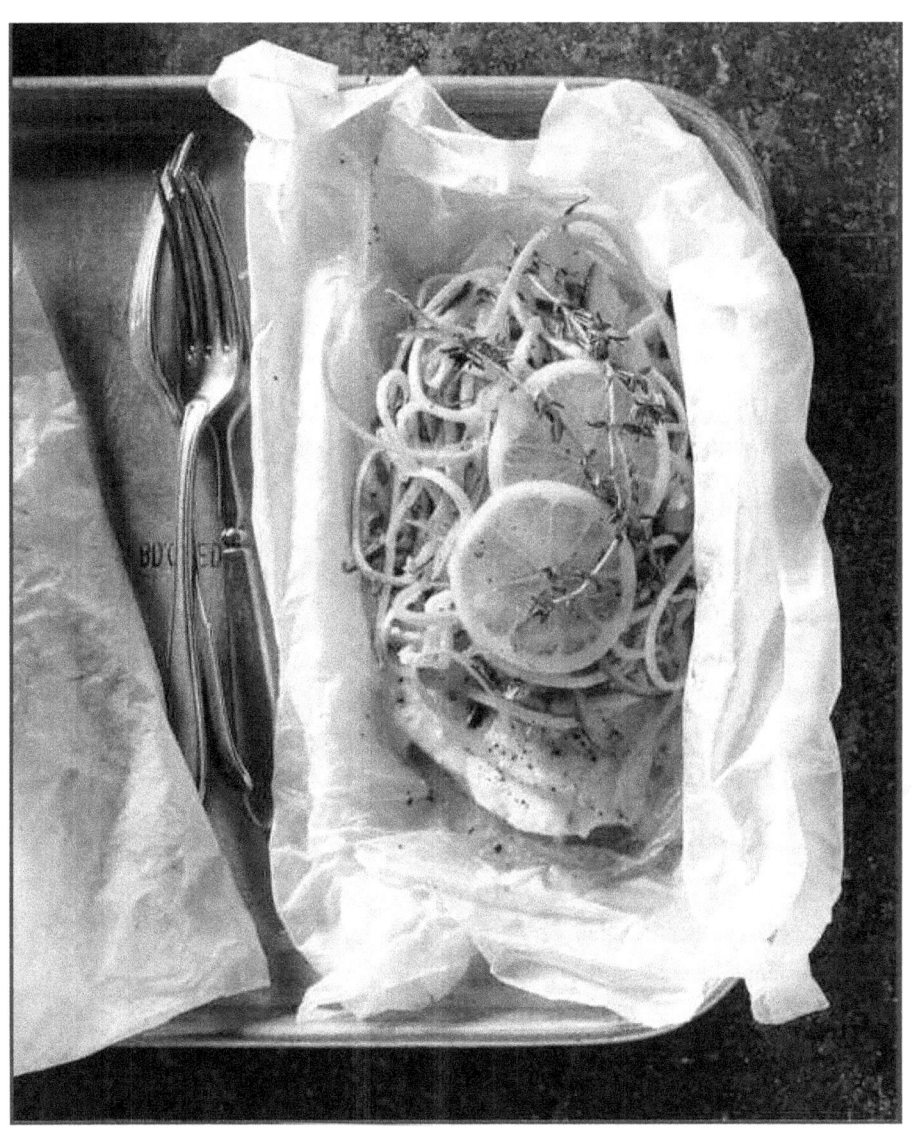

SOLE EN PAPILLOTE MIT JULIENNE-GEMÜSE

AUSBILDUNG:30 Minuten Backen: 12 Minuten ergeben: 4 Portionen<u>FOTO</u>

SIE KÖNNEN AUF JEDEN FALL JULIENNE-GEMÜSE ZUBEREITENMIT EINEM GUTEN SCHARFEN KOCHMESSER, ABER SEHR ZEITAUFWÄNDIG. EIN JULIENNE-SCHÄLER (SIEHE<u>"AUSRÜSTUNG"</u>) ERMÖGLICHT DIE SCHNELLE HERSTELLUNG LANGER, DÜNNER, GLEICHMÄßIG GEFORMTER GEMÜSESTREIFEN.

- 4 6 Unzen frische oder gefrorene Seezunge, Flunder oder andere feste Weißfischfilets
- 1 Zucchini, Julienne-Schnitt
- 1 große Karotte, julieniert
- ½ rote Zwiebel, julienned
- 2 Roma-Tomaten, entkernt und fein gehackt
- 2 Knoblauchzehen, gehackt
- 1 Esslöffel Olivenöl
- ½ Teelöffel schwarzer Pfeffer
- 1 Zitrone, in 8 dünne Scheiben geschnitten, Kerne entfernt
- 8 Zweige frischer Thymian
- 4 Teelöffel Olivenöl
- ¼ Tasse trockener Weißwein

1. Tauen Sie den Fisch auf, falls er gefroren ist. Ofen auf 375°F vorheizen. In einer großen Schüssel Zucchini, Karotte, Zwiebel, Tomate und Knoblauch vermengen. 1 Esslöffel Olivenöl und ¼ Teelöffel Pfeffer hinzufügen; Zum Kombinieren gut umrühren. Legen Sie das Gemüse beiseite.

2. Schneiden Sie vier 14-Zoll-Quadrate aus Pergamentpapier aus. Spülen Sie den Fisch ab; mit Papiertüchern trocknen. Platzieren Sie eine Lasche in der Mitte jedes Quadrats. Mit dem restlichen ¼ Teelöffel Pfeffer bestreuen. Das Gemüse, die Zitronenspalten und die Thymianzweige gleichmäßig auf den Filets verteilen. Jeden Stapel mit 1 Teelöffel Olivenöl und 1 Esslöffel Weißwein beträufeln.

3. Heben Sie jeweils ein Päckchen an, heben Sie zwei gegenüberliegende Seiten des Pergamentpapiers an und falten Sie den Fisch mehrmals um. Falten Sie die Enden des Pergaments zum Verschließen um.

4. Ordnen Sie die Päckchen auf einem großen Backblech an. Etwa 12 Minuten lang backen oder bis der Fisch beim Testen mit einer Gabel zu schuppen beginnt (öffnen Sie die Verpackung vorsichtig, um zu prüfen, ob er gar ist).

5. Zum Servieren jedes Päckchen auf einen Teller legen; Öffnen Sie die Pakete vorsichtig.

RUCOLA-PESTO-FISCH-TACOS MIT RAUCHIGER LIMETTENCREME

AUSBILDUNG:30-Minuten-Grill: 4 bis 6 Minuten pro ½ Zoll Dicke, also 6 Portionen

SIE KÖNNEN DEN CODE DURCH DIE SOHLE ERSETZEN– NUR KEIN TILAPIA. TILAPIA IST LEIDER EINE DER SCHLECHTESTEN FISCHSORTEN. TILAPIA WIRD FAST AUSSCHLIEßLICH IN LANDWIRTSCHAFTLICHEN BETRIEBEN UND HÄUFIG UNTER SCHRECKLICHEN BEDINGUNGEN GEZÜCHTET. AUCH WENN TILAPIA FAST ALLGEGENWÄRTIG IST, SOLLTE MAN IHN MEIDEN.

4 4 bis 5 Unzen schwere Seezungenfilets, frisch oder gefroren, etwa ½ Zoll dick

1 Rucola-Pesto-Rezept (siehe Rezept)

½ Tasse Cashewcreme (siehe Rezept)

1 Teelöffel geräucherte Gewürze (siehe Rezept)

½ Teelöffel fein abgeriebene Zitronenschale

12 Salatblätter

1 reife Avocado, halbiert, kernlos, geschält und in dünne Scheiben geschnitten

1 Tasse gehackte Tomaten

¼ Tasse frisch gehackter Koriander

1 Limette, in Scheiben geschnitten

1. Tauen Sie den Fisch auf, falls er gefroren ist. Spülen Sie den Fisch ab; mit Papiertüchern trocknen. Legen Sie den Fisch beiseite.

2. Reiben Sie etwas Rucola-Pesto auf beiden Seiten des Fisches ein.

3. Für einen Holzkohle- oder Gasgrill legen Sie den Fisch direkt bei mittlerer Hitze auf einen gefetteten Grill. Abdecken und 4 bis 6 Minuten grillen oder bis der Fisch beim Testen

mit einer Gabel zu schuppen beginnt, dabei nach der Hälfte der Grillzeit einmal wenden.

4. In der Zwischenzeit für die Smoky Lime Cream die Cashewcreme, die rauchigen Gewürze und die Zitronenschale in einer kleinen Schüssel verrühren.

5. Brechen Sie den Fisch mit einer Gabel in Stücke. Butterblätter mit Fisch, Avocadoscheiben und Tomaten füllen; Mit Koriander bestreuen. Tacos mit Smoky Lime Cream beträufeln. Mit Limettenschnitzen servieren und über die Tacos drücken.

SEEZUNGE MIT MANDELKRUSTE

AUSBILDUNG: 15 Minuten Garzeit: 3 Minuten ergeben: 2 Portionen

NUR EIN WENIG MANDELMEHLDADURCH ENTSTEHT EINE SCHÖNE KRUSTE AUF DIESEM GEBRATENEN FISCH, DER EXTREM SCHNELL GART UND MIT CREMIGER EINGELEGTER MAYONNAISE UND EINEM SPRITZER FRISCHER ZITRONE SERVIERT WIRD.

12 Unzen frische oder gefrorene Seezungenfilets
1 Esslöffel Zitronen-Kräuter-Gewürz (siehe Rezept)
¼ bis ½ Teelöffel schwarzer Pfeffer
⅓ Tasse Mandelmehl
2 bis 3 Esslöffel Olivenöl
¼ Tasse Paleo Mayo (siehe Rezept)
1 Teelöffel frisch gehackter Dill
Zitronenscheiben

1. Tauen Sie den Fisch auf, falls er gefroren ist. Spülen Sie den Fisch ab; mit Papiertüchern trocknen. In einer kleinen Schüssel die Zitronen- und Kräutergewürze sowie den Pfeffer vermischen. Bestreichen Sie beide Seiten der Filets mit der Gewürzmischung und drücken Sie sie leicht an, damit sie haften. Mandelmehl auf einem großen Teller verteilen. Eine Seite jedes Filets in das Mandelmehl eintauchen und leicht andrücken, damit es festklebt.

2. In einer großen Pfanne bei mittlerer bis hoher Hitze so viel Öl erhitzen, dass die Pfanne bedeckt ist. Den Fisch mit der beschichteten Seite nach unten hinzufügen. 2 Minuten kochen lassen. Drehen Sie den Fisch vorsichtig um; Etwa 1 Minute länger garen oder bis der Fisch beim Testen mit einer Gabel anfängt zu schuppen.

3. Für die Soße Paleo Mayo und Dill in einer kleinen Schüssel vermischen. Den Fisch mit Soße und Zitronenschnitzen servieren.

GEGRILLTE KABELJAU- UND ZUCCHINI-PÄCKCHEN MIT WÜRZIGER MANGO-BASILIKUM-SAUCE

AUSBILDUNG:20 Minuten Grillen: 6 Minuten ergeben: 4 Portionen

1 bis 1½ Pfund frischer oder gefrorener Kabeljau, ½ bis 1 Zoll dick
4 Stück 24" lange, 12" breite Folie
1 mittelgroße Zucchini, in Julienne-Streifen geschnitten
Zitronen-Kräuter-Gewürz (sieheRezept)
¼ Tasse Chipotle Paleo Mayo (sieheRezept)
1 bis 2 Esslöffel zerdrückte reife Mango*
1 Esslöffel frischer Zitronen- oder Limettensaft oder Reisweinessig
2 Esslöffel frisch gehacktes Basilikum

1. Tauen Sie den Fisch auf, falls er gefroren ist. Spülen Sie den Fisch ab; mit Papiertüchern trocknen. Den Fisch in vier portionengroße Stücke schneiden.

2. Falten Sie jedes Stück Folie in zwei Hälften, sodass ein doppeltes 12-Zoll-Quadrat entsteht. Legen Sie eine Portion Fisch in die Mitte eines Folienquadrats. Mit einem Viertel des Kürbisses bedecken. Mit Zitronengewürz und Kräutern bestreuen. Nehmen Sie zwei gegenüberliegende Seiten der Folie und falten Sie sie mehrmals über den Kürbis und den Fisch. Falten Sie die Enden der Folie. Wiederholen Sie diesen Vorgang, um drei weitere Packungen herzustellen. Für die Sauce in einer kleinen Schüssel Chipotle Paleo Mayo, Mango, Limettensaft und Basilikum vermischen; beiseite legen.

3. Bei einem Holzkohle- oder Gasgrill legen Sie die Päckchen direkt bei mittlerer Hitze auf den geölten Grill. Abdecken

und 6 bis 9 Minuten grillen, oder bis der Fisch beim Testen mit einer Gabel zu schuppen beginnt und der Kürbis knusprig und zart ist (öffnen Sie die Verpackung vorsichtig, um zu prüfen, ob er gar ist). Drehen Sie die Päckchen beim Grillen nicht. Jede Portion mit Soße bedecken.

*Tipp: Für das Mangopüree ¼ Tasse gehackte Mango und 1 Esslöffel Wasser in einem Mixer vermischen. Abdecken und glatt rühren. Übrig gebliebenes Mangopüree zu einem Smoothie hinzufügen.

POCHIERTER RIESLING-KABELJAU MIT MIT PESTO GEFÜLLTEN TOMATEN

AUSBILDUNG:30 Minuten Kochzeit: 10 Minuten ergeben: 4 Portionen

1 bis 1½ Pfund frische oder gefrorene Kabeljaufilets, etwa 1 Zoll dick
4 Roma-Tomaten
3 Esslöffel Basilikumpesto (siehe[Rezept](Rezept))
¼ Teelöffel gemahlener schwarzer Pfeffer
1 Tasse trockener Riesling oder Sauvignon Blanc
1 Zweig frischer Thymian oder ½ Teelöffel getrockneter Thymian, zerstoßen
1 Lorbeerblatt
½ Tasse Wasser
2 Esslöffel gehackter grüner Tee
Zitronenscheiben

1. Tauen Sie den Fisch auf, falls er gefroren ist. Die Tomaten waagerecht halbieren. Entfernen Sie die Kerne und einen Teil des Fruchtfleisches. (Wenn die Tomate flach liegen muss, schneiden Sie eine sehr dünne Scheibe vom Ende ab und achten Sie darauf, dass kein Loch in den Boden der Tomate entsteht.) Geben Sie etwas Pesto in jede Tomatenhälfte. mit gebrochenem Pfeffer bestreuen; beiseite legen.

2. Spülen Sie den Fisch ab; mit Papiertüchern trocknen. Den Fisch in vier Stücke schneiden. Stellen Sie einen Dampfgarer in einen großen Topf mit dicht schließendem Deckel. Geben Sie etwa ½ Zoll Wasser in die Pfanne. Zum Kochen bringen; Hitze auf mittlere Stufe reduzieren. Die Tomaten mit der Schnittfläche nach oben in den Korb geben. Abdecken und 2 bis 3 Minuten lang dämpfen, bis es durchgeheizt ist.

3. Die Tomaten auf einen Teller legen; abdecken, um warm zu bleiben. Nehmen Sie den Dampfkorb aus der Pfanne; wirf das Wasser weg. Wein, Thymian, Lorbeerblatt und ½ Tasse Wasser in die Pfanne geben. Zum Kochen bringen; Reduzieren Sie die Hitze auf mittel-niedrig. Den Fisch und den grünen Tee hinzufügen. Zugedeckt 8 bis 10 Minuten köcheln lassen oder bis der Fisch beim Testen mit einer Gabel zu schuppen beginnt.

4. Den Fisch mit etwas Pochierflüssigkeit beträufeln. Den Fisch mit mit Pesto gefüllten Tomaten und Zitronenschnitzen servieren.

GEBRATENER KABELJAU MIT PISTAZIENKRUSTE, KORIANDER UND ZERDRÜCKTEN SÜßKARTOFFELN

AUSBILDUNG:20 Minuten Kochen: 10 Minuten Backen: 4 bis 6 Minuten pro ½ Zoll Dicke ergibt: 4 Portionen

- 1 bis 1½ Kilogramm frischer oder gefrorener Kabeljau
- Olivenöl oder raffiniertes Kokosöl
- 2 Esslöffel gemahlene Pistazien, Pekannüsse oder Mandeln
- 1 Eiweiß
- ½ Teelöffel fein abgeriebene Zitronenschale
- 1½ kg Süßkartoffeln, geschält und in Stücke geschnitten
- 2 Knoblauchzehen
- 1 Esslöffel Kokosöl
- 1 Esslöffel frisch geriebener Ingwer
- ½ Teelöffel gemahlener Kreuzkümmel
- ¼ Tasse Kokosmilch (z. B. Nature's Way)
- 4 Teelöffel Korianderpesto oder Basilikumpesto (sieheVerschreibung)

1. Tauen Sie den Fisch auf, falls er gefroren ist. Heizen Sie den Grill vor. Ölgestell einer Grillpfanne. In einer kleinen Schüssel die gemahlenen Walnüsse, das Eiweiß und die Zitronenschale vermischen. beiseite legen.

2. Für das Süßkartoffelpüree die Süßkartoffeln und den Knoblauch in einem mittelgroßen Topf in ausreichend kochendem Wasser 10 bis 15 Minuten lang oder bis sie weich sind kochen. Leckage; Geben Sie die Süßkartoffeln und den Knoblauch in den Topf. Mit einem Kartoffelstampfer die Süßkartoffeln zerdrücken. Mischen Sie 1 Esslöffel Kokosöl, Ingwer und Kreuzkümmel. Kokosmilch unterrühren, bis die Masse leicht und locker ist.

3. Spülen Sie den Fisch ab; mit Papiertüchern trocknen. Den Fisch vierteln und auf den vorbereiteten, unbeheizten Rost einer Grillpfanne legen. Stecken Sie alle dünnen Kanten unter. Jedes Stück mit Korianderpesto bestreichen. Die Nussmischung auf das Pesto geben und vorsichtig verstreichen. Grillen Sie den Fisch bei einer Hitze von 10 cm für 4 bis 6 Minuten pro ½ Zoll Dicke oder bis der Fisch beim Testen mit einer Gabel zu schuppen beginnt, und decken Sie ihn während des Backens mit Folie ab, falls die Beschichtung zu brennen beginnt. Den Fisch mit Süßkartoffeln servieren.

ROSMARIN-MANDARINEN-KABELJAU MIT GERÖSTETEM BROKKOLI

AUSBILDUNG:15 Minuten Marinieren: bis zu 30 Minuten Backen: 12 Minuten ergibt: 4 Portionen

1 bis 1½ Kilogramm frischer oder gefrorener Kabeljau

1 Teelöffel fein gehackte Mandarinenschale

½ Tasse frischer Mandarinen- oder Orangensaft

4 Esslöffel Olivenöl

2 Teelöffel frisch gehackter Rosmarin

¼ bis ½ Teelöffel gemahlener schwarzer Pfeffer

1 Teelöffel fein gehackte Mandarinenschale

3 Tassen Brokkoliröschen

¼ Teelöffel gemahlener roter Pfeffer

Mandarinenscheiben, Kerne entfernt

1. Den Ofen auf 450 °F vorheizen. Tauen Sie den Fisch auf, falls er gefroren ist. Spülen Sie den Fisch ab; mit Papiertüchern trocknen. Den Fisch in vier portionengroße Stücke schneiden. Messen Sie die Dicke des Fisches. In einer flachen Schüssel Mandarinenschale, Mandarinensaft, 2 Esslöffel Olivenöl, Rosmarin und schwarzen Pfeffer vermischen; Fisch hinzufügen. Abdecken und bis zu 30 Minuten im Kühlschrank marinieren.

2. In einer großen Schüssel den Brokkoli mit den restlichen 2 Esslöffeln Olivenöl und der zerstoßenen roten Paprika vermischen. In eine 2-Liter-Auflaufform geben.

3. Eine flache Backform leicht mit zusätzlichem Olivenöl bestreichen. Den Fisch abtropfen lassen und die Marinade auffangen. Legen Sie den Fisch in die Pfanne und verstecken Sie ihn unter den dünnen Rändern. Legen Sie

den Fisch und den Brokkoli in den Ofen. Brokkoli 12 bis 15 Minuten backen oder bis er knusprig und zart ist, dabei nach der Hälfte der Garzeit einmal umrühren. Backen Sie den Fisch 4 bis 6 Minuten lang pro Zentimeter Dicke des Fisches oder bis der Fisch beim Testen mit einer Gabel anfängt, auseinanderzufallen.

4. In einem kleinen Topf die beiseite gestellte Marinade zum Kochen bringen; 2 Minuten kochen lassen. Die Marinade über den gekochten Fisch träufeln. Den Fisch mit Brokkoli und Mandarinenscheiben servieren.

MIT GRÜNEM KABELJAUSALAT UND EINGELEGTEM RETTICH-CURRY UMWICKELN

AUSBILDUNG:20 Minuten stehen lassen: 20 Minuten kochen: 6 Minuten ergeben: 4 PortionenFOTO

- 1 kg frische oder gefrorene Kabeljaufilets
- 6 Radieschen, grob gehackt
- 6 bis 7 Esslöffel Apfelessig
- ½ TL gemahlener roter Pfeffer
- 2 Esslöffel unraffiniertes Kokosöl
- ¼ Tasse Mandelbutter
- 1 Knoblauchzehe, gehackt
- 2 Teelöffel fein geriebener Ingwer
- 2 Esslöffel Olivenöl
- 1½ bis 2 Teelöffel ungesalzenes Currypulver
- 4 bis 8 Salatblätter bzw. Salatblätter
- 1 süße rote Paprika, in Julienne-Streifen geschnitten
- 2 Esslöffel frisch gehackter Koriander

1. Tauen Sie den Fisch auf, falls er gefroren ist. In einer mittelgroßen Schüssel Radieschen, 4 Esslöffel Essig und ¼ Teelöffel zerstoßenen roten Pfeffer vermischen; 20 Minuten stehen lassen, dabei ab und zu umrühren.

2. Für die Mandelbuttersauce das Kokosöl in einem kleinen Topf bei schwacher Hitze schmelzen. Mandelbutter glatt rühren. Knoblauch, Ingwer und ¼ Teelöffel zerstoßene rote Paprika unterrühren. Vom Herd nehmen. Fügen Sie die restlichen 2 bis 3 Esslöffel Apfelessig hinzu und rühren Sie, bis eine glatte Masse entsteht. beiseite legen. (Die Sauce wird etwas dicker, wenn man Essig hinzufügt.)

3. Spülen Sie den Fisch ab; mit Papiertüchern trocknen. In einer großen Pfanne das Olivenöl und das Currypulver bei mittlerer Hitze erhitzen. Fisch hinzufügen; 3 bis 6 Minuten garen oder bis der Fisch beim Testen mit einer Gabel zu schuppen beginnt, dabei nach der Hälfte der Garzeit einmal wenden. Den Fisch mit zwei Gabeln grob zerteilen.

4. Die Radieschen abtropfen lassen; Werfen Sie die Marinade weg. Den Fisch, die Paprikastreifen, die Radieschenmischung und das Mandelbutter-Dressing in jedes Salatblatt geben. Mit Koriander bestreuen. Wickeln Sie das Blatt um die Füllung. Befestigen Sie die Hüllen bei Bedarf mit Holzzahnstochern.

GEBRATENER SCHELLFISCH MIT ZITRONE UND FENCHEL

AUSBILDUNG:25 Minuten Rösten: 50 Minuten ergeben: 4 Portionen

SCHELLFISCH, SEELACHS UND KABELJAU HABEN ES ALLEFESTES, WEIßES FLEISCH, LEICHT GEWÜRZT. SIE SIND IN DEN MEISTEN REZEPTEN AUSTAUSCHBAR, SO AUCH IN DIESEM EINFACHEN GERICHT AUS GEBACKENEM FISCH UND GEMÜSE MIT KRÄUTERN UND WEIN.

- 4 frische oder gefrorene 6-Unzen-Schellfisch-, Seelachs- oder Kabeljaufilets, etwa ½ Zoll dick
- 1 große Fenchelknolle, entkernt und in Scheiben geschnitten, die Blätter beiseite gelegt und gehackt
- 4 mittelgroße Karotten, vertikal halbiert und in 2 bis 3 Zoll lange Stücke geschnitten
- 1 rote Zwiebel, halbiert und in Scheiben geschnitten
- 2 Knoblauchzehen, gehackt
- 1 Zitrone, in dünne Scheiben geschnitten
- 3 Esslöffel Olivenöl
- ½ Teelöffel schwarzer Pfeffer
- ¾ Tasse trockener Weißwein
- 2 Esslöffel fein gehackte frische Petersilie
- 2 Esslöffel gehackte frische Fenchelblätter
- 2 Teelöffel fein gehackte Zitronenschale

1. Tauen Sie den Fisch auf, falls er gefroren ist. Ofen auf 400 °F vorheizen. In einem rechteckigen 3-Liter-Topf Fenchel, Karotten, Zwiebeln, Knoblauch und Zitronenscheiben vermengen. Mit 2 Esslöffeln Olivenöl beträufeln und mit ¼ Teelöffel Pfeffer bestreuen; werfen, um zu bedecken. Den Wein auf den Teller gießen. Decken Sie die Schüssel mit Folie ab.

2. 20 Minuten rösten. Entdecken; Gemüsemischung unterrühren. Weitere 15 bis 20 Minuten rösten oder bis das Gemüse knusprig und zart ist. Die Gemüsemischung unterrühren. Den Fisch mit dem restlichen ¼ Teelöffel Pfeffer bestreuen; Legen Sie den Fisch auf die Gemüsemischung. Mit dem restlichen 1 Esslöffel Olivenöl beträufeln. Etwa 8 bis 10 Minuten grillen oder bis der Fisch beim Testen mit einer Gabel zu schuppen beginnt.

3. In einer kleinen Schüssel Petersilie, Fenchelblätter und Zitronenschale vermischen. Zum Servieren die Fisch-Gemüse-Mischung auf Servierteller verteilen. Über Fisch und Gemüse mit einem Löffel Säften. Mit Petersilienmischung bestreuen.

SNAPPER MIT PEKANNUSSKRUSTE, CAJUN-OKRA UND TOMATEN-REMOULADE

AUSBILDUNG:1 Stunde Kochen: 10 Minuten Backen: 8 Minuten ergibt: 4 Portionen

DIESES FISCHGERICHT IST EINE BEGLEITUNG WERTDIE ZUBEREITUNG NIMMT ETWAS ZEIT IN ANSPRUCH, ABER DIE REICHHALTIGEN AROMEN SIND ES WERT. DIE REMOULADE – EINE SAUCE AUF MAYONNAISE-BASIS MIT SENF, ZITRONE UND CAJUN, ZUBEREITET AUS GEHACKTEN ROTEN PAPRIKA, FRÜHLINGSZWIEBELN UND PETERSILIE – KANN EINEN TAG IM VORAUS ZUBEREITET UND GEKÜHLT WERDEN.

- 4 Esslöffel Olivenöl
- ½ Tasse fein gehackte Pekannüsse
- 2 Esslöffel gehackte frische Petersilie
- 1 Esslöffel frisch gehackter Thymian
- 2 8-Unzen-rote Filets, ½ Zoll dick
- 4 Teelöffel Cajun-Gewürz (siehe Rezept)
- ½ Tasse gewürfelte Zwiebel
- ½ Tasse gewürfelte grüne Paprika
- ½ Tasse gewürfelter Sellerie
- 1 Esslöffel gehackter Knoblauch
- 1 Pfund frische Okraschoten, in 2,5 cm dicke Scheiben geschnitten (oder frischer Spargel, in 2,5 cm dicke Scheiben geschnitten)
- 8 Unzen Trauben- oder Kirschtomaten, halbiert
- 2 Teelöffel frisch gehackter Thymian
- Schwarzer Pfeffer
- Remoulade (siehe Rezept rechts)

1. 1 Esslöffel Olivenöl in einer mittelgroßen Pfanne bei mittlerer Hitze erhitzen. Fügen Sie die Pekannüsse hinzu

und rösten Sie sie unter häufigem Rühren etwa 5 Minuten lang oder bis sie goldbraun sind und duften. Die Pekannüsse in eine kleine Schüssel geben und abkühlen lassen. Petersilie und Thymian hinzufügen und beiseite stellen.

2. Den Ofen auf 400 °F vorheizen. Ein Backblech mit Backpapier oder Folie auslegen. Die Schnapperfilets mit der Hautseite nach unten auf dem Backblech anrichten und jeweils mit 1 Teelöffel Cajun-Gewürz bestreuen. Mit einem Backpinsel 2 Esslöffel Olivenöl auf die Filets streichen. Verteilen Sie die Pekannussmischung gleichmäßig auf die Filets und drücken Sie die Pekannüsse vorsichtig auf die Oberfläche des Fisches, damit sie daran haften. Bedecken Sie nach Möglichkeit alle freiliegenden Stellen des Fischfilets mit Walnüssen. Backen Sie den Fisch 8 bis 10 Minuten lang oder bis er mit der Messerspitze leicht zerfällt.

3. In einer großen Pfanne den restlichen 1 Esslöffel Olivenöl bei mittlerer bis hoher Hitze erhitzen. Zwiebel, Paprika, Sellerie und Knoblauch hinzufügen. 5 Minuten kochen und umrühren, bis das Gemüse knusprig und zart ist. Fügen Sie die geschnittenen Okraschoten (oder den Spargel, falls verwendet) und die Tomaten hinzu; 5 bis 7 Minuten kochen, bis die Okraschoten zart und knusprig sind und die Tomaten anfangen zu platzen. Vom Herd nehmen und mit Thymian und schwarzem Pfeffer abschmecken. Das Gemüse mit dem Schnapper und der Remoulade servieren.

Remoulade: In einer Küchenmaschine ½ Tasse gehackte rote Paprika, ¼ Tasse gehackten grünen Tee und 2 Esslöffel gehackte frische Petersilie fein zerkleinern. Fügen Sie ¼ Tasse Paleo Mayo hinzu (siehe Rezept), ¼ Tasse Dijon-Senf (siehe Rezept), 1½ Teelöffel Zitronensaft und ¼ Teelöffel Cajun-Gewürz (siehe Rezept). Pulsieren, bis alles gut vermischt ist. In eine Servierschüssel umfüllen und bis zum Servieren im Kühlschrank aufbewahren. (Remoulade kann 1 Tag im Voraus zubereitet und gekühlt werden.)

ESTRAGON-THUNFISCH-PASTETCHEN MIT AVOCADO-ZITRONEN-AÏOLI

AUSBILDUNG:25 Minuten Kochzeit: 6 Minuten ergeben: 4 Portionen FOTO

NEBEN LACHS GEHÖRT AUCH THUNFISCH DAZU EINE DER SELTENEN FISCHARTEN, DIE SICH FEIN HACKEN UND ZU BURGERN VERARBEITEN LASSEN. ACHTEN SIE DARAUF, DEN THUNFISCH IN DER KÜCHENMASCHINE NICHT ZU STARK ZU VERARBEITEN – EINE ÜBERMÄSSIGE VERARBEITUNG MACHT IHN ZÄHER.

- 1 Kilogramm frische oder gefrorene Thunfischfilets ohne Haut
- 1 Eiweiß, leicht geschlagen
- ¾ Tasse gemahlenes goldenes Leinsamenmehl
- 1 Esslöffel frisch gehackter Estragon oder Dill
- 2 Esslöffel frisch gehackter Schnittlauch
- 1 Teelöffel fein gehackte Zitronenschale
- 2 Esslöffel Leinsamenöl, Avocadoöl oder Olivenöl
- 1 mittelgroße Avocado, kernlos
- 3 Esslöffel Paleo Mayo (siehe Rezept)
- 1 Teelöffel fein gehackte Zitronenschale
- 2 Teelöffel frischer Zitronensaft
- 1 Knoblauchzehe, gehackt
- 4 Unzen Babyspinat (etwa 4 Tassen dicht gepackt)
- ⅓ Tasse geröstete Knoblauchvinaigrette (siehe Rezept)
- 1 Granny-Smith-Apfel, entkernt und in streichholzgroße Stücke geschnitten
- ¼ Tasse gehackte geröstete Nüsse (siehe Spitze)

1. Tauen Sie den Fisch auf, falls er gefroren ist. Spülen Sie den Fisch ab; mit Papiertüchern trocknen. Schneiden Sie den Fisch in 1½-Zoll-Stücke. Geben Sie den Fisch in eine Küchenmaschine. pulsieren, bis es fein gehackt ist.

(Achten Sie darauf, dass das Patty nicht zu lange gart, sonst wird es zäh.) Legen Sie den Fisch beiseite.

2. In einer mittelgroßen Schüssel Eiweiß, ¼ Tasse Leinsamenmehl, Estragon, Schnittlauch und Zitronenschale vermischen. Fisch hinzufügen; Vorsichtig umrühren, um alles zu vermischen. Aus der Fischmischung vier ½ Zoll dicke Frikadellen formen.

3. Geben Sie die restliche halbe Tasse Leinsamenmehl in eine flache Schüssel. Tauchen Sie die Fleischbällchen in die Leinsamenmischung und wenden Sie sie, damit sie gleichmäßig bedeckt sind.

4. In einer sehr großen Pfanne das Öl bei mittlerer Hitze erhitzen. Thunfischfrikadellen in heißem Öl 6 bis 8 Minuten lang kochen oder bis ein sofort ablesbares Thermometer, das horizontal in die Frikadellen eingeführt wird, 160 °F anzeigt, dabei nach der Hälfte der Garzeit einmal umdrehen.

5. In der Zwischenzeit für die Aïoli die Avocado in einer mittelgroßen Schüssel mit einer Gabel zerdrücken. Paleo Mayo, Zitronenschale, Zitronensaft und Knoblauch hinzufügen. Mischen, bis alles gut vermischt und fast glatt ist.

6. Geben Sie den Spinat in eine mittelgroße Schüssel. Spinat mit gerösteter Knoblauchvinaigrette vermengen; werfen, um zu bedecken. Für jede Portion ein Thunfisch-Patty und ein Viertel des Spinats auf einen Servierteller legen. Bedecken Sie den Thunfisch mit etwas Aïoli. Spinat mit Apfel und Walnüssen belegen. Sofort servieren.

GESTREIFTE BASS-TAJINE

AUSBILDUNG:50 Minuten Abkühlen: 1 bis 2 Stunden Kochen: 22 Minuten Backen: 25 Minuten ergibt: 4 Portionen

EINE TAJINE IST DER NAMESOWOHL EIN NORDAFRIKANISCHES GERICHT (EINE ART EINTOPF) ALS AUCH DER KEGELFÖRMIGE TOPF, IN DEM ES GEKOCHT WIRD. WENN SIE KEINE HABEN, FUNKTIONIERT EINE ABGEDECKTE OFENPFANNE HERVORRAGEND. CHERMOULA IST EINE DICKE NORDAFRIKANISCHE KRÄUTERPASTE, DIE AM HÄUFIGSTEN ALS MARINADE FÜR FISCH VERWENDET WIRD. SERVIEREN SIE DIESES FARBENFROHE FISCHGERICHT MIT SÜßKARTOFFELPÜREE ODER BLUMENKOHL.

- 4 6-Unzen-Streifenbarsch- oder Heilbuttfilets mit Haut
- 1 Bund Koriander, gehackt
- 1 Teelöffel fein abgeriebene Zitronenschale (beiseite stellen)
- ¼ Tasse frischer Zitronensaft
- 4 Esslöffel Olivenöl
- 5 Knoblauchzehen, gehackt
- 4 Teelöffel gemahlener Kreuzkümmel
- 2 Teelöffel süßer Paprika
- 1 Teelöffel gemahlener Koriander
- ¼ Teelöffel gemahlener Anis
- 1 große Zwiebel, geschält, halbiert und in dünne Scheiben geschnitten
- 1 15-Unzen-Dose ohne Salzzusatz, feuergeröstete, gewürfelte Tomaten, nicht abgetropft
- ½ Tasse Hühnerknochenbrühe (sicheRezept) oder ungesalzene Hühnerbrühe
- 1 große gelbe Paprika, entkernt und in ½-Zoll-Streifen geschnitten
- 1 große orangefarbene Paprika, entkernt und in ½-Zoll-Streifen geschnitten

1. Tauen Sie den Fisch auf, falls er gefroren ist. Spülen Sie den Fisch ab; mit Papiertüchern trocknen. Legen Sie die

Fischfilets in ein nichtmetallisches, flaches Backblech. Legen Sie den Fisch beiseite.

2. Für die Chermoula in einem Mixer oder einer kleinen Küchenmaschine Koriander, Zitronensaft, 2 Esslöffel Olivenöl, 4 gehackte Knoblauchzehen, Kreuzkümmel, Paprika, Koriander und Anis vermischen. Abdecken und glatt rühren.

3. Über der Hälfte der Chermoula den Fisch umdrehen, sodass beide Seiten damit bedeckt sind. Abdecken und 1 bis 2 Stunden im Kühlschrank lagern. Mit der restlichen Chermoula belegen; Bei Raumtemperatur stehen lassen, bis es benötigt wird.

4. Den Ofen auf 325 °F vorheizen. In einer großen ofenfesten Pfanne die restlichen 2 Esslöffel Öl bei mittlerer bis hoher Hitze erhitzen. Zwiebel hinzufügen; kochen und 4 bis 5 Minuten lang rühren, bis es weich ist. Die restliche gehackte Knoblauchzehe unterrühren; kochen und 1 Minute rühren. Fügen Sie die beiseite gelegte Chermoula, Tomaten, Hühnerknochenbrühe, Paprikastreifen und Zitronenschale hinzu. Zum Kochen bringen; Hitze reduzieren. Ohne Deckel 15 Minuten kochen lassen. Falls gewünscht, die Mischung auf die Tajine geben; Mit Fisch und restlichem Chermoula auf dem Teller belegen. Abdeckung; 25 Minuten backen. Sofort servieren.

HEILBUTT IN KNOBLAUCHSAUCE UND GARNELEN MIT SOFFRITO-GRÜN

AUSBILDUNG:30 Minuten Kochzeit: 19 Minuten ergeben: 4 Portionen

ES GIBT VIELE VERSCHIEDENE QUELLEN UND ARTEN VON HEILBUTT.UND SIE KÖNNEN VON SEHR UNTERSCHIEDLICHER QUALITÄT SEIN – UND UNTER SEHR UNTERSCHIEDLICHEN BEDINGUNGEN GEFISCHT WERDEN. DIE HALTBARKEIT DES FISCHES, DIE UMGEBUNG, IN DER ER LEBT, UND DIE BEDINGUNGEN, UNTER DENEN ER AUFGEZOGEN/GEFISCHT WIRD, SIND FAKTOREN, DIE DARÜBER ENTSCHEIDEN, WELCHE FISCHE SICH FÜR DEN VERZEHR EIGNEN. BESUCHEN SIE DIE WEBSITE DES MONTEREY BAY AQUARIUM (WWW.SEAFOODWATCH.ORG) FINDEN SIE DIE NEUESTEN INFORMATIONEN DARÜBER, WELCHEN FISCH SIE ESSEN UND WELCHEN SIE MEIDEN SOLLTEN.

- 4 frische oder gefrorene 6-Unzen-Heilbuttfilets, etwa 1 Zoll dick
- Schwarzer Pfeffer
- 6 Esslöffel natives Olivenöl extra
- ½ Tasse fein gehackte Zwiebel
- ¼ Tasse gewürfelte rote Paprika
- 2 Knoblauchzehen, gehackt
- ¾ Teelöffel geräuchertes Paprikapulver
- ½ TL frisch gehackter Oregano
- 4 Tassen Gemüse, entstielt, in ¼ Zoll dicke Streifen geschnitten (ca. 12 Unzen)
- ⅓ Tasse Wasser
- 8 Unzen mittelgroße Garnelen, geschält, entdarmt und grob gehackt
- 4 Knoblauchzehen, in dünne Scheiben schneiden
- ¼ bis ½ Teelöffel gemahlener roter Pfeffer
- ⅓ Tasse trockener Sherry
- 2 Esslöffel Zitronensaft

¼ Tasse gehackte frische Petersilie

1. Tauen Sie den Fisch auf, falls er gefroren ist. Spülen Sie den Fisch ab; mit Papiertüchern trocknen. Den Fisch mit Pfeffer bestreuen. In einer großen Pfanne 2 Esslöffel Olivenöl bei mittlerer Hitze erhitzen. Fügen Sie die Filets hinzu; 10 Minuten kochen lassen oder bis der Fisch goldbraun ist und Flocken aufweist, wenn man ihn mit einer Gabel prüft, dabei nach der Hälfte der Garzeit einmal wenden. Übertragen Sie den Fisch auf eine Platte und zelten Sie ihn mit Folie, um ihn warm zu halten.

2. In der Zwischenzeit in einer anderen großen Pfanne 1 Esslöffel Olivenöl bei mittlerer Hitze erhitzen. Zwiebel, Paprika, 2 gehackte Knoblauchzehen, Paprika und Oregano hinzufügen; kochen und 3 bis 5 Minuten lang rühren, bis es weich ist. Gemüse und Wasser mischen. Abdecken und 3 bis 4 Minuten kochen lassen oder bis die Flüssigkeit verdampft ist und das Grün weich ist, dabei gelegentlich umrühren. Abdecken und bis zum Servieren warm halten.

3. Für die Garnelensauce die restlichen 3 Esslöffel Olivenöl in die Pfanne geben, in der der Fisch gebraten wurde. Fügen Sie die Garnelen, 4 geschnittene Knoblauchzehen und den gemahlenen roten Pfeffer hinzu. Kochen und rühren Sie 2-3 Minuten lang oder bis der Knoblauch anfängt, goldbraun zu werden. Garnelen hinzufügen; 2 bis 3 Minuten kochen, bis die Garnelen fest und rosa sind. Sherry und Zitronensaft einrühren. 1 bis 2 Minuten kochen lassen oder bis es leicht reduziert ist. Petersilie unterrühren.

4. Die Garnelensauce auf die Heilbuttfilets verteilen. Mit Gemüse servieren.

BOUILLABAISSE MIT MEERESFRÜCHTEN

ANFANG BIS ENDE: 1¾ STUNDEN ERGIBT: 4 PORTIONEN

WIE DER ITALIENISCHE CIOPPINO, DIESER FRANZÖSISCHE MEERESFRÜCHTEEINTOPFFISCH UND SCHALENTIERE SCHEINEN EINE KOSTPROBE DES FANGS DES TAGES ZU SEIN, GEMISCHT IN EINEM TOPF MIT KNOBLAUCH, ZWIEBELN, TOMATEN UND WEIN. DER CHARAKTERISTISCHE GESCHMACK DER BOUILLABAISSE IST JEDOCH DIE KOMBINATION DER AROMEN VON SAFRAN, FENCHEL UND ORANGENSCHALE.

- 1 Pfund frische oder gefrorene Heilbuttfilets ohne Haut, in 2,5 cm große Stücke geschnitten
- 4 Esslöffel Olivenöl
- 2 Tassen gehackte Zwiebel
- 4 Knoblauchzehen, zerdrückt
- 1 Kopf Fenchel, entkernt und gehackt
- 6 Roma-Tomaten, gehackt
- ¾ Tasse Hühnerknochenbrühe (siehe Rezept) oder ungesalzene Hühnerbrühe
- ¼ Tasse trockener Weißwein
- 1 Tasse fein gehackte Zwiebel
- 1 Kopf Fenchel, entkernt und fein gehackt
- 6 Knoblauchzehen, gehackt
- 1 Orange
- 3 Roma-Tomaten, fein gehackt
- 4 Safranfäden
- 1 Esslöffel frisch gehackter Oregano
- 1 Kilogramm Muscheln, gereinigt und abgespült
- 1 Kilogramm Muscheln, Bärte entfernt, gereinigt und gespült (siehe Spitze)
- Frisch gehackter Oregano (optional)

1. Heilbutt auftauen lassen, falls er gefroren ist. Spülen Sie den Fisch ab; mit Papiertüchern trocknen. Legen Sie den Fisch beiseite.

2. In einem 6 bis 8 Liter fassenden Schmortopf 2 Esslöffel Olivenöl bei mittlerer Hitze erhitzen. Geben Sie 2 Tassen gehackte Zwiebeln, 1 gehackten Fenchelkopf und 4 zerdrückte Knoblauchzehen in den Topf. 7 bis 9 Minuten kochen lassen oder bis die Zwiebel weich ist, dabei gelegentlich umrühren. 6 gehackte Tomaten und 1 gehackten Fenchel hinzufügen; weitere 4 Minuten kochen lassen. Hühnerknochenbrühe und Weißwein in den Topf geben; 5 Minuten kochen lassen; es kühlt etwas ab. Geben Sie die Gemüsemischung in einen Mixer oder eine Küchenmaschine. Abdecken und mixen oder verarbeiten, bis eine glatte Masse entsteht; beiseite legen.

3. Im gleichen Schmortopf den restlichen 1 Esslöffel Olivenöl bei mittlerer Hitze erhitzen. Fügen Sie 1 Tasse fein gehackte Zwiebel, 1 fein gehackten Fenchelkopf und 6 gehackte Knoblauchzehen hinzu. Bei mittlerer Hitze 5 bis 7 Minuten kochen lassen oder bis es fast weich ist, dabei häufig umrühren.

4. Entfernen Sie mit einem Gemüseschäler die Schale in breiten Streifen von der Orange; beiseite legen. Die pürierte Gemüsemischung, 3 gewürfelte Tomaten, Safran, Oregano und Orangenschalenstreifen in den Schmortopf geben. Zum Kochen bringen; Reduzieren Sie die Hitze, um das Kochen aufrechtzuerhalten. Muscheln, Muscheln und Fisch hinzufügen; Vorsichtig umrühren, um den Fisch mit Soße zu überziehen. Passen Sie die Hitze nach Bedarf an,

um das Kochen aufrechtzuerhalten. Abdecken und 3 bis 5 Minuten leicht köcheln lassen, bis sich die Muscheln und Jakobsmuscheln geöffnet haben und der Fisch beim Testen mit einer Gabel zu schuppen beginnt. Zum Servieren in flache Schüsseln füllen. Nach Belieben mit zusätzlichem Oregano bestreuen.

KLASSISCHES GARNELEN-CEVICHE

AUSBILDUNG:20 Minuten kochen: 2 Minuten abkühlen: 1 Stunde stehen lassen: 30 Minuten ergibt: 3 bis 4 Portionen

DIESES LATEINAMERIKANISCHE GERICHT IST EIN KNALLERVON GESCHMÄCKERN UND TEXTUREN. KNUSPRIGE GURKE UND SELLERIE, CREMIGE AVOCADO, SCHARFE UND WÜRZIGE JALAPEÑOS UND SÜßE UND ZARTE GARNELEN WERDEN IN ZITRONENSAFT UND OLIVENÖL GESCHWENKT. BEI TRADITIONELLEM CEVICHE „KOCHT" DIE SÄURE IM ZITRONENSAFT DIE GARNELEN – ABER EIN KURZES EINTAUCHEN IN KOCHENDES WASSER ÜBERLÄSST AUS SICHERHEITSGRÜNDEN NICHTS DEM ZUFALL UND BEEINTRÄCHTIGT WEDER DEN GESCHMACK NOCH DIE TEXTUR DER GARNELEN.

- 1 Pfund frische oder gefrorene mittelgroße Garnelen, geschält und entdarmt, Schwänze entfernt
- ½ Gurke, geschält, entkernt und gehackt
- 1 Tasse gehackter Sellerie
- ½ kleine rote Zwiebel, gehackt
- 1 bis 2 Jalapeños, entkernt und gehackt (sieheSpitze)
- ½ Tasse frischer Zitronensaft
- 2 Roma-Tomaten, gewürfelt
- 1 Avocado, halbiert, kernlos, geschält und gewürfelt
- ¼ Tasse frisch gehackter Koriander
- 3 Esslöffel Olivenöl
- ½ Teelöffel schwarzer Pfeffer

1. Garnelen auftauen, falls sie gefroren sind. Garnelen säubern und entdarmen; Entfernen Sie die Schwänze. Spülen Sie die Garnelen ab; mit Papiertüchern trocknen.

2. Füllen Sie einen großen Topf zur Hälfte mit Wasser. Zum Kochen bringen. Geben Sie die Garnelen in das kochende Wasser. Unbedeckt 1 bis 2 Minuten kochen oder gerade so lange, bis die Garnelen undurchsichtig werden; Leckage Legen Sie die Garnelen unter kaltes Wasser und lassen Sie sie erneut abtropfen. Garnelenwürfel.

3. In einer sehr großen, nicht reaktiven Schüssel Garnelen, Gurke, Sellerie, Zwiebel, Jalapeños und Limettensaft vermischen. Abdecken und 1 Stunde im Kühlschrank lagern, dabei ein- oder zweimal umrühren.

4. Tomaten, Avocado, Koriander, Olivenöl und schwarzen Pfeffer mischen. Abdecken und 30 Minuten bei Zimmertemperatur ruhen lassen. Vor dem Servieren vorsichtig umrühren.

GARNELENSALAT MIT KOKOSNUSS- UND SPINATKRUSTE

AUSBILDUNG:25 Minuten Backen: 8 Minuten ergeben: 4 Portionen<u>FOTO</u>

DOSEN MIT KOMMERZIELL HERGESTELLTEM OLIVENÖLSPRAYKANN GETREIDEALKOHOL, LECITHIN UND TREIBMITTEL ENTHALTEN – KEINE GUTE MISCHUNG, WENN SIE VERSUCHEN, REINE, ECHTE LEBENSMITTEL ZU SICH ZU NEHMEN UND GETREIDE, UNGESUNDE FETTE, HÜLSENFRÜCHTE UND MILCHPRODUKTE ZU MEIDEN. EIN ÖLZERSTÄUBER VERWENDET NUR LUFT, UM DAS ÖL IN EINEN FEINEN SPRÜHNEBEL ZU ZERSTÄUBEN – PERFEKT, UM GARNELEN MIT KOKOSNUSSKRUSTE VOR DEM BACKEN LEICHT ZU BESTREICHEN.

1½ Kilo frische oder gefrorene sehr große Garnelen in der Schale

Misto-Sprühflasche, gefüllt mit nativem Olivenöl extra

2 Eier

¾ Tasse geraspelte oder geraspelte, ungesüßte Kokosnuss

¾ Tasse Mandelmehl

½ Tasse Avocadoöl oder Olivenöl

3 Esslöffel frischer Zitronensaft

2 Esslöffel frischer Zitronensaft

2 kleine Knoblauchzehen, gehackt

⅛ bis ¼ Teelöffel gemahlener roter Pfeffer

8 Tassen frischer Babyspinat

1 mittelgroße Avocado, halbiert, entkernt, geschält und in dünne Scheiben geschnitten

1 orange oder gelbe Paprika, in dünne, mundgerechte Streifen geschnitten

½ Tasse gehackte rote Zwiebel

1. Garnelen auftauen, falls sie gefroren sind. Die Garnelen säubern und entdarmen, dabei die Schwänze intakt

lassen. Spülen Sie die Garnelen ab; mit Papiertüchern trocknen. Den Ofen auf 450 °F vorheizen. Ein großes Backblech mit Folie auslegen; Fetten Sie die Folie leicht mit aufgesprühtem Öl aus der Misto-Flasche ein. beiseite legen.

2. In einer flachen Schüssel die Eier mit einer Gabel schlagen. In einer weiteren flachen Schüssel das Kokos- und Mandelmehl vermischen. Tauchen Sie die Garnelen in die Eier und wenden Sie sie zum Überziehen. In die Kokosnussmischung eintauchen und andrücken, um sie zu bedecken (Schwänze unbedeckt lassen). Ordnen Sie die Garnelen in einer einzigen Schicht auf dem vorbereiteten Backblech an. Bestreichen Sie die Oberseite der Garnele mit Ölspray aus der Misto-Flasche.

3. 8 bis 10 Minuten backen oder bis die Garnelen undurchsichtig sind und die Beschichtung leicht gebräunt ist.

4. In der Zwischenzeit für das Dressing Avocadoöl, Zitronensaft, Limettensaft, Knoblauch und zerstoßenen roten Pfeffer in einem kleinen Schraubglas vermischen. Abdecken und gut schütteln.

5. Für die Salate den Spinat auf vier Teller verteilen. Mit Avocado, Paprika, roten Zwiebeln und Garnelen belegen. Mit Dressing beträufeln und sofort servieren.

CEVICHE MIT TROPISCHEN GARNELEN UND JAKOBSMUSCHELN

AUSBILDUNG:20 Minuten Marinieren: 30 bis 60 Minuten Ergibt: 4 bis 6 Portionen

KALTES UND LEICHTES CEVICHE IST EINE AUSGEZEICHNETE MAHLZEITFÜR EINE HEIßE SOMMERNACHT. MIT MELONE, MANGO, SERRANO-PAPRIKA, FENCHEL UND MANGO-LIMETTEN-SALATDRESSING (SIEHEREZEPT), IST DIES EINE SÜßE INTERPRETATION DES ORIGINALS.

- 1 Kilogramm frische oder gefrorene Muscheln
- 1 Kilogramm frische oder gefrorene große Garnelen
- 2 Tassen gewürfelte Melone
- 2 mittelgroße Mangos, entkernt, geschält und gehackt (ca. 2 Tassen)
- 1 Fenchelkopf, geputzt, geviertelt, entkernt und in dünne Scheiben geschnitten
- 1 mittelgroße rote Paprika, gehackt (ca. ¾ Tasse)
- 1 bis 2 Serrano-Paprika, nach Belieben entkernt und in dünne Scheiben geschnitten (sieheSpitze)
- ½ Tasse leicht verpackter frischer Koriander, gehackt
- 1 Rezept Mango-Zitronen-Salatdressing (sieheRezept)

1. Muscheln und Garnelen auftauen, falls sie gefroren sind. Muscheln horizontal halbieren. Die Garnelen säubern, entdarmen und waagerecht halbieren. Jakobsmuscheln und Garnelen abspülen; mit Papiertüchern trocknen. Füllen Sie einen großen Topf zu drei Vierteln mit Wasser. Zum Kochen bringen. Garnelen und Jakobsmuscheln hinzufügen; 3 bis 4 Minuten kochen oder bis Garnelen und Jakobsmuscheln undurchsichtig sind; Abtropfen lassen und mit kaltem Wasser abspülen, um schnell abzukühlen. Gut abtropfen lassen und beiseite stellen.

2. In einer sehr großen Schüssel Melone, Mango, Fenchel, Paprika, Serrano-Pfeffer und Koriander vermischen. Mango-Limetten-Salatdressing hinzufügen; Zum Überziehen vorsichtig umrühren. Die gekochten Garnelen und Jakobsmuscheln vorsichtig unterrühren. Vor dem Servieren 30 bis 60 Minuten im Kühlschrank marinieren.

JAMAIKANISCHE JERK-GARNELEN MIT AVOCADOÖL

VOM ANFANG BIS ZUM ENDE: 20 Minuten ergeben: 4 Portionen

BEI EINER GESAMTZEIT BIS ZUM ESSEN VON 20 MINUTEN, DIESES GERICHT IST EIN WEITERER ÜBERZEUGENDER GRUND, ZU HAUSE EINE GESUNDE MAHLZEIT ZU SICH ZU NEHMEN, SELBST AN DEN GESCHÄFTIGSTEN ABENDEN.

1 Kilogramm frische oder gefrorene mittelgroße Garnelen
1 Tasse gehackte Mango, geschält (1 mittelgroß)
⅓ Tasse geschnittene rote Zwiebel, in Scheiben geschnitten
¼ Tasse frisch gehackter Koriander
1 Esslöffel frischer Zitronensaft
2 bis 3 Esslöffel jamaikanisches Jerk-Gewürz (sieheRezept)
1 Esslöffel natives Olivenöl extra
2 Esslöffel Avocadoöl

1. Garnelen auftauen, falls sie gefroren sind. In einer mittelgroßen Schüssel Mango, Zwiebel, Koriander und Zitronensaft vermischen.

2. Garnelen säubern und entdarmen. Spülen Sie die Garnelen ab; mit Papiertüchern trocknen. Legen Sie die Garnelen in eine mittelgroße Schüssel. Mit Jamaican Jerk Seasoning bestreuen; wenden, um die Garnelen von allen Seiten zu bedecken.

3. In einer großen beschichteten Pfanne Olivenöl bei mittlerer bis hoher Hitze erhitzen. Garnelen hinzufügen; kochen und etwa 4 Minuten lang rühren, bis es undurchsichtig ist.

Die Garnelen mit Avocadoöl beträufeln und mit der Mangomischung servieren.

GARNELENSCAMPI MIT BLATTSPINAT UND RADICCHIO

AUSBILDUNG: 15 Minuten Garzeit: 8 Minuten ergeben: 3 Portionen

„SCAMPI" BEZEICHNET EIN KLASSISCHES RESTAURANTGERICHT AUS GROßEN GARNELEN, GEKOCHT ODER GEBRATEN MIT BUTTER UND VIEL KNOBLAUCH UND ZITRONE. DIESE WÜRZIGE OLIVENÖLVERSION IST PALÄOZUGELASSEN UND WIRD DURCH EIN SCHNELLES ANBRATEN VON RADICCHIO UND SPINAT ERNÄHRUNGSPHYSIOLOGISCH VERBESSERT.

- 1 Kilogramm frische oder gefrorene große Garnelen
- 4 Esslöffel natives Olivenöl extra
- 6 Knoblauchzehen, gehackt
- ½ Teelöffel schwarzer Pfeffer
- ¼ Tasse trockener Weißwein
- ½ Tasse gehackte frische Petersilie
- ½ Kopf Radicchio, entkernt und in dünne Scheiben geschnitten
- ½ TL gemahlener roter Pfeffer
- 9 Tassen Babyspinat
- Zitronenscheiben

1. Garnelen auftauen, falls sie gefroren sind. Die Garnelen säubern und entdarmen, dabei die Schwänze intakt lassen. In einer großen Pfanne 2 Esslöffel Olivenöl bei mittlerer bis hoher Hitze erhitzen. Garnelen, 4 gehackte Knoblauchzehen und schwarzen Pfeffer hinzufügen. Kochen und rühren Sie etwa 3 Minuten lang oder bis die Garnelen undurchsichtig sind. Garnelenmischung in eine Schüssel geben.

2. Weißwein in die Pfanne geben. Unter Rühren kochen, um den gebräunten Knoblauch vom Boden der Pfanne zu lösen. Wein über die Garnelen gießen; Zum Kombinieren werfen. Petersilie unterrühren. Zum Warmhalten locker mit Folie abdecken; beiseite legen.

3. Geben Sie die restlichen 2 Esslöffel Olivenöl, die restlichen 2 gehackten Knoblauchzehen, den Radicchio und die zerstoßene rote Paprika in die Pfanne. Bei mittlerer Hitze 3 Minuten kochen und rühren, bis der Radicchio zu welken beginnt. Den Spinat vorsichtig unterrühren; kochen und weitere 1-2 Minuten rühren, bis der Spinat zusammengefallen ist.

4. Zum Servieren die Spinatmischung auf drei Servierteller verteilen; Mit der Garnelenmischung belegen. Mit Zitronenspalten servieren und über die Garnelen und das Gemüse drücken.

KRABBENSALAT MIT AVOCADO, GRAPEFRUIT UND JICAMA

VOM ANFANG BIS ZUM ENDE: 30 Minuten ergeben: 4 Portionen

DAS BESTE STÜCK ODER KRABBENFLEISCH IST DAS BESTE FÜR DIESEN SALAT. JUMBO-KRABBENFLEISCH BESTEHT AUS GROßEN STÜCKEN, DIE SICH GUT FÜR SALATE EIGNEN. BACKFIN IST EINE MISCHUNG AUS ZERBROCHENEN STÜCKEN VON JUMBO-KRABBENFLEISCH UND KLEINEREN STÜCKEN KRABBENFLEISCH VOM KRABBENKÖRPER. OBWOHL KLEINER ALS DIE RIESENKRABBE, FUNKTIONIERT DIE HINTERFLOSSE SEHR GUT. FRISCH IST NATÜRLICH AM BESTEN, ABER AUFGETAUTE GEFRORENE KRABBEN SIND EINE GUTE OPTION.

6 Tassen Babyspinat
½ mittelgroße Jicama, geschält und in Streifen geschnitten*
2 rosa oder rubinrote Grapefruits, geschält, entkernt und geviertelt**
2 kleine Avocados, halbiert
1 Kilogramm Jumbo-Jumbo- oder Krabbenfleisch
Basilikum-Grapefruit-Dressing (siehe Rezept rechts)

1. Den Spinat auf vier Servierteller verteilen. Mit Jicama, Grapefruitstücken und angesammeltem Saft, Avocado und Krabbenfleisch belegen. Mit Basilikum-Grapefruit-Dressing beträufeln.

Basilikum-Grapefruit-Dressing: In einem Schraubglas ⅓ Tasse natives Olivenöl extra vermischen; ¼ Tasse frischer Grapefruitsaft; 2 Esslöffel frischer Orangensaft; ½ kleine Schalotte, gehackt; 2 Esslöffel fein gehacktes frisches Basilikum; ¼ Teelöffel gemahlener roter Pfeffer; und ¼ Teelöffel schwarzer Pfeffer. Abdecken und gut schütteln.

*Tipp: Mit einem Julienne-Schäler lässt sich Jicama schnell in dünne Streifen schneiden.

**Tipp: Um eine Grapefruit zu schneiden, schneiden Sie eine Scheibe vom Ende des Stiels und der Unterseite der Frucht ab. Stellen Sie es aufrecht auf eine Arbeitsfläche. Schneiden Sie die Früchte von oben nach unten in Stücke und folgen Sie dabei der abgerundeten Form der Frucht, um die Schale in Streifen zu entfernen. Halten Sie die Frucht über eine Schüssel und schneiden Sie mit einem Gemüsemesser die Mitte der Frucht an den Seiten jedes Segments ab, um sie vom Mark zu befreien. Legen Sie die Segmente mit dem angesammelten Saft in eine Schüssel. Werfen Sie den Stecker weg.

CAJUN-HUMMERSCHWANZ MIT ESTRAGON-AÏOLI KOCHEN

AUSBILDUNG: 20 Minuten zum Kochen: 30 Minuten Ergibt: 4 Portionen FOTO

FÜR EIN ROMANTISCHES ABENDESSEN ZU ZWEIT, DIESES REZEPT LÄSST SICH LEICHT HALBIEREN. SCHNEIDEN SIE MIT EINER SEHR SCHARFEN KÜCHENSCHERE DIE SCHALE VON DEN HUMMERSCHWÄNZEN AB UND ERHALTEN SIE DAS REICHHALTIGE, AROMATISCHE FLEISCH.

- 2 Cajun-Gewürzrezepte (siehe Rezept)
- 12 Knoblauchzehen, geschält und halbiert
- 2 Zitronen, halbiert
- 2 große Karotten, geschält
- 2 Stangen Sellerie, geschält
- 2 Fenchelknollen, in dünne Scheiben geschnitten
- 1 Kilogramm ganze Pilze
- 4 7 bis 8 Unzen schwere Maine-Hummerschwänze
- 4 x 8 Zoll große Bambusspieße
- ½ Tasse Paleo Aïoli (Knoblauch-Mayo) (siehe Rezept)
- ¼ Tasse Senf nach Dijon-Art (siehe Rezept)
- 2 Esslöffel frisch gehackter Estragon oder Petersilie

1. In einem 8-Liter-Topf 6 Tassen Wasser, Cajun-Gewürz, Knoblauch und Zitronen vermischen. Zum Kochen bringen; 5 Minuten kochen lassen. Reduzieren Sie die Hitze, damit die Flüssigkeit köchelt.

2. Karotten und Sellerie quer in vier Stücke schneiden. Karotten, Sellerie und Fenchel in die Flüssigkeit geben. Abdecken und 10 Minuten kochen lassen. Pilze hinzufügen; abdecken und 5 Minuten kochen lassen.

Geben Sie das Gemüse mit einem Schaumlöffel in eine Servierschüssel. warm halten

3. Beginnen Sie am Körperende jedes Hummerschwanzes und schieben Sie einen Spieß fast bis zum Ende zwischen Fleisch und Schale. (Dadurch wird verhindert, dass sich der Schwanz beim Garen verheddert.) Reduzieren Sie die Hitze. Kochen Sie die Hummerschwänze in der kaum köchelnden Flüssigkeit im Topf 8 bis 12 Minuten lang oder bis die Schalen leuchtend rot sind und das Fleisch zart ist, wenn Sie es mit einer Gabel einstechen. Den Hummer aus der Kochflüssigkeit nehmen. Halten Sie die Hummerschwänze mit einem Küchentuch fest und entfernen Sie die Spieße und entsorgen Sie sie.

4. In einer kleinen Schüssel Paleo Aïoli, Dijon-Senf und Estragon vermischen. Serviert mit Hummer und Gemüse.

MUSCHELKRAPFEN MIT SAFRAN-AÏOLI

ANFANG BIS ENDE: 1¼ STUNDEN ERGIBT: 4 PORTIONEN

DIES IST EINE PALÄO-VERSION DES FRANZÖSISCHEN KLASSIKERSAUS IN WEIßWEIN UND KRÄUTERN GEDÜNSTETEN MUSCHELN, SERVIERT MIT DÜNNEN UND KNUSPRIGEN WEIßEN KARTOFFELKÜCHLEIN. ENTSORGEN SIE ALLE MUSCHELN, DIE SICH VOR DEM KOCHEN NICHT SCHLIEßEN – UND ALLE MUSCHELN, DIE SICH NACH DEM KOCHEN NICHT ÖFFNEN.

PASTINAKENKRAPFEN

- 1½ kg Pastinaken, geschält und in 7,6 cm große Juliennes geschnitten
- 3 Esslöffel Olivenöl
- 2 Knoblauchzehen, gehackt
- ¼ Teelöffel schwarzer Pfeffer
- ⅛ Teelöffel Cayennepfeffer

SAFRAN-AÏOLI

- ⅓ Tasse Paleo Aïoli (Knoblauch-Mayo) (siehe Rezept)
- ⅛ Teelöffel Safranfäden, leicht zerstoßen

MIESMUSCHELN

- 4 Esslöffel Olivenöl
- ½ Tasse fein gehackte Schalotten
- 6 Knoblauchzehen, gehackt
- ¼ Teelöffel schwarzer Pfeffer
- 3 Tassen trockener Weißwein
- 3 große Zweige Petersilie mit flachen Blättern
- 4 kg Muscheln, gereinigt und geputzt*
- ¼ Tasse frisch gehackte (glattblättrige) italienische Petersilie.
- 2 Esslöffel frisch gehackter Estragon (optional)

1. Für Pastinakenkuchen den Ofen auf 450 °F vorheizen. Die geschnittenen Pastinaken 30 Minuten lang im

Kühlschrank in ausreichend kaltem Wasser einweichen; Abtropfen lassen und mit Papiertüchern trocken tupfen.

2. Ein großes Backblech mit Backpapier auslegen. Die Pastinaken in eine sehr große Schüssel geben. In einer kleinen Schüssel 3 Esslöffel Olivenöl, 2 gehackte Knoblauchzehen, ¼ Teelöffel schwarzen Pfeffer und Cayennepfeffer vermischen; Über die Pastinaken streuen und vermischen. Die Pastinaken gleichmäßig auf dem vorbereiteten Backblech verteilen. 30 bis 35 Minuten backen oder bis es weich ist und anfängt zu bräunen, dabei gelegentlich umrühren.

3. Für die Aïoli in einer kleinen Schüssel Paleo Aïoli und Safran vermischen. Abdecken und bis zum Servieren im Kühlschrank aufbewahren.

4. In der Zwischenzeit in einem 6- bis 8-Liter-Topf oder Schmortopf die 4 Esslöffel Olivenöl bei mittlerer Hitze erhitzen. Schalotten, 6 Knoblauchzehen und ¼ Teelöffel schwarzen Pfeffer hinzufügen; unter häufigem Rühren etwa 2 Minuten kochen lassen, bis es weich und welk ist.

5. Wein und Petersilienzweige in den Topf geben; zum Kochen bringen. Jakobsmuscheln hinzufügen und ein paar Mal umrühren. Dicht abdecken und 3 bis 5 Minuten lang dämpfen, oder bis sich die Schale öffnet, dabei zweimal leicht umrühren. Entsorgen Sie alle Muscheln, die sich nicht öffnen.

6. Geben Sie die Muscheln mit einem großen Schaumlöffel in flache Suppenschüsseln. Petersilienzweige aus der Kochflüssigkeit entfernen und entsorgen; Kochflüssigkeit

über die Muscheln gießen. Gehackte Petersilie und nach Belieben Estragon darüberstreuen. Sofort mit Pastinakenkuchen und Safran-Aïoli servieren.

*Tipp: Kochen Sie die Muscheln am Tag des Kaufs. Wenn Sie wild geerntete Muscheln verwenden, weichen Sie diese 20 Minuten lang in einer Schüssel mit kaltem Wasser ein, um Sand und Splitt zu entfernen. (Dies ist bei Muscheln aus Zuchtbetrieben nicht erforderlich.) Reinigen Sie die Muscheln nacheinander mit einer harten Bürste unter fließendem kaltem Wasser. Muscheln etwa 10 bis 15 Minuten vor dem Garen entrinden. Der Bart ist eine kleine Gruppe von Fasern, die aus der Rinde herausragen. Um den Bart zu entfernen, fassen Sie die Schnur zwischen Daumen und Zeigefinger und ziehen Sie sie in Richtung des Scharniers. (Diese Methode tötet die Muschel nicht ab.) Sie können auch eine Fischzange oder eine Pinzette verwenden. Stellen Sie sicher, dass die Schale jeder Muschel fest verschlossen ist. Wenn offene Schalen vorhanden sind, klopfen Sie diese vorsichtig auf die Arbeitsfläche. Entsorgen Sie alle Muscheln, die sich nicht innerhalb weniger Minuten schließen.

GEBRATENE JAKOBSMUSCHELN MIT ROTE-BETE-GESCHMACK

VOM ANFANG BIS ZUM ENDE: 30 Minuten ergeben: 4 Portionen FOTO

FÜR EINE SCHÖNE GOLDENE KRUSTE, STELLEN SIE SICHER, DASS DIE OBERFLÄCHE DER MUSCHELN SEHR TROCKEN UND DIE PFANNE SCHÖN HEIß IST, BEVOR SIE SIE IN DIE PFANNE GEBEN. LASSEN SIE DIE JAKOBSMUSCHELN AUßERDEM 2 BIS 3 MINUTEN LANG UNGESTÖRT ANBRATEN UND PRÜFEN SIE DIES SORGFÄLTIG, BEVOR SIE SIE WENDEN.

1 Pfund frische oder gefrorene Jakobsmuscheln, mit Papiertüchern trocken tupfen

3 mittelgroße Rote Bete, geschält und fein gehackt

½ Granny-Smith-Apfel, geschält und gehackt

2 Jalapeños, entstielt, entkernt und gehackt (siehe Spitze)

¼ Tasse gehackter frischer Koriander

2 Esslöffel fein gehackte rote Zwiebel

4 Esslöffel Olivenöl

2 Esslöffel frischer Zitronensaft

Weißer Pfeffer

1. Muscheln auftauen, falls sie gefroren sind.

2. Für das Rübenrelish in einer mittelgroßen Schüssel Rüben, Apfel, Jalapeños, Koriander, Zwiebeln, 2 Esslöffel Olivenöl und Zitronensaft vermischen. Gut umrühren. Beiseite stellen, während Sie die Jakobsmuscheln zubereiten.

3. Muscheln abspülen; mit Papiertüchern trocknen. In einer großen Pfanne die restlichen 2 Esslöffel Olivenöl bei mittlerer bis hoher Hitze erhitzen. Muscheln hinzufügen; 4 bis 6 Minuten grillen oder bis die Außenseite goldbraun

und gerade noch undurchsichtig ist. Die Jakobsmuscheln leicht mit weißem Pfeffer bestreuen.

4. Zum Servieren das Rote-Bete-Relish gleichmäßig auf die Servierteller verteilen. Mit Muscheln belegen. Sofort servieren.

GEGRILLTE JAKOBSMUSCHELN MIT DILL-GURKEN-SALSA

AUSBILDUNG:35 Minuten kalt: 1 bis 24 Stunden Grill: 9 Minuten ergibt: 4 Portionen

HIER IST EIN TIPP, UM DIE PERFEKTESTE AVOCADO ZU BEKOMMEN:KAUFEN SIE SIE, WENN SIE HELLGRÜN UND FEST SIND, UND BACKEN SIE SIE DANN EINIGE TAGE LANG AUF DER ARBEITSPLATTE – BIS SIE BEI LEICHTEM DRUCK MIT DEN FINGERN NUR NOCH EIN WENIG NACHGEBEN. WENN SIE FEST UND UNREIF SIND, BEKOMMEN SIE BEIM TRANSPORT VOM MARKT KEINE DRUCKSTELLEN.

12 oder 16 frische oder gefrorene Jakobsmuscheln (insgesamt 1¼ bis 1¾ Pfund)

¼ Tasse Olivenöl

4 Knoblauchzehen, gehackt

1 Teelöffel frisch gemahlener schwarzer Pfeffer

2 mittelgroße Zucchini, geputzt und der Länge nach halbiert

½ einer mittelgroßen Gurke, längs halbiert und quer in dünne Scheiben geschnitten

1 mittelgroße Avocado, halbiert, kernlos, geschält und gehackt

1 mittelgroße Tomate, entkernt, entkernt und gehackt

2 Teelöffel gehackte frische Minze

1 Teelöffel frisch gehackter Dill

1. Muscheln auftauen, falls sie gefroren sind. Muscheln mit kaltem Wasser abspülen; mit Papiertüchern trocknen. In einer großen Schüssel 3 Esslöffel Öl, den Knoblauch und ¾ Teelöffel Pfeffer vermischen. Muscheln hinzufügen; Zum Überziehen vorsichtig umrühren. Abdecken und mindestens 1 Stunde oder bis zu 24 Stunden kalt stellen, dabei gelegentlich umrühren.

2. Zucchinihälften mit dem restlichen 1 Esslöffel Öl bestreichen; Gleichmäßig mit ¼ Teelöffel restlichem Pfeffer bestreuen.

3. Muscheln abtropfen lassen, Marinade auffangen. Stecken Sie zwei 10 bis 12 Zoll lange Spieße durch jede Jakobsmuschel, verwenden Sie 3 oder 4 Jakobsmuscheln für jedes Spießpaar und lassen Sie einen Abstand von ½ Zoll zwischen den Jakobsmuscheln.* (Wenn Sie die Jakobsmuscheln auf zwei Spieße stecken, bleiben sie beim Garen und Wenden stabil .)

4. Für einen Holzkohle- oder Gasgrill legen Sie die Jakobsmuscheln und die Kürbishälften bei mittlerer Hitze direkt auf den Grill.** Decken Sie den Grill ebenfalls ab, bis die Jakobsmuscheln undurchsichtig und der Kürbis gerade zart sind, und wenden Sie ihn dabei nach der Hälfte der Grillzeit. Warten Sie 6 bis 8 Minuten für die Jakobsmuscheln und 9 bis 11 Minuten für die Zucchini.

5. In der Zwischenzeit für die Salsa Gurke, Avocado, Tomaten, Minze und Dill in einer mittelgroßen Schüssel vermengen. Zum Kombinieren vorsichtig umrühren. Je 1 Jakobsmuschelspieß auf die vier Servierteller legen. Die Zucchinihälften schräg quer durchschneiden und auf die Jakobsmuschelplatten legen. Verteilen Sie die Gurkenmischung gleichmäßig auf den Jakobsmuscheln.

*Tipp: Wenn Sie Holzspieße verwenden, weichen Sie diese vor der Verwendung 30 Minuten lang in ausreichend Wasser ein, um sie zu bedecken.

**Zum Grillen: Bereiten Sie es wie in Schritt 3 beschrieben vor. Legen Sie Jakobsmuscheln und Kürbishälften auf die unbeheizte Grillplatte der Grillpfanne. Bei einer Hitze von 10 bis 12 cm braten, bis die Jakobsmuscheln undurchsichtig und der Kürbis gerade zart ist. Nach der Hälfte der Garzeit einmal wenden. Warten Sie 6 bis 8 Minuten für die Jakobsmuscheln und 10 bis 12 Minuten für die Zucchini.

GEBRATENE JAKOBSMUSCHELN MIT TOMATEN, OLIVENÖL UND KRÄUTERSAUCE

AUSBILDUNG:20 Minuten Kochzeit: 4 Minuten ergeben: 4 Portionen

DAS DRESSING IST FAST WIE EINE WARME VINAIGRETTE.OLIVENÖL, FRISCH GEHACKTE TOMATEN, ZITRONENSAFT UND KRÄUTER WERDEN VERMISCHT UND SEHR SANFT ERHITZT – GERADE GENUG, UM DIE AROMEN ZU VERSCHMELZEN – UND DANN MIT GEBRATENEN JAKOBSMUSCHELN UND EINEM KNACKIGEN SONNENBLUMENSPROSSENSALAT SERVIERT.

MUSCHELN UND SOßE

- 1 bis 1½ Pfund frische oder gefrorene große Muscheln (ca. 12)
- 2 große Roma-Tomaten, geschält*, entkernt und gehackt
- ½ Tasse Olivenöl
- 2 Esslöffel frischer Zitronensaft
- 2 Esslöffel frisch gehacktes Basilikum
- 1 bis 2 Teelöffel fein gehackter Schnittlauch
- 1 Esslöffel Olivenöl

SALAT

- 4 Tassen Sonnenblumenknospen
- 1 Zitrone, in Scheiben geschnitten
- Natives Olivenöl extra

1. Muscheln auftauen, falls sie gefroren sind. Muscheln abspülen; trocken. Beiseite legen.

2. Für die Soße in einem kleinen Topf die Tomaten, ½ Tasse Olivenöl, Zitronensaft, Basilikum und Schnittlauch vermischen; beiseite legen.

3. In einer großen Pfanne 1 Esslöffel Olivenöl bei mittlerer bis hoher Hitze erhitzen. Muscheln hinzufügen; 4 bis 5 Minuten kochen lassen oder bis es braun und undurchsichtig ist, dabei nach der Hälfte der Garzeit einmal wenden.

4. Für den Salat den Kohl in eine Servierschüssel geben. Die Zitronenscheiben über den Kohl drücken und mit etwas Olivenöl beträufeln. Zum Kombinieren umrühren.

5. Erhitzen Sie die Soße bei schwacher Hitze, bis sie warm ist. nicht kochen. Zum Servieren die Soße in die Mitte des Tellers löffeln; oben mit 3 Muscheln. Dazu wird Sprossensalat serviert.

*Tipp: Um eine Tomate leichter zu schälen, legen Sie die Tomate 30 Sekunden bis 1 Minute lang oder bis die Haut zu platzen beginnt, in einen Topf mit kochendem Wasser. Nehmen Sie die Tomate aus dem kochenden Wasser und tauchen Sie sie sofort in eine Schüssel mit Eiswasser, um den Kochvorgang zu stoppen. Wenn die Tomate kühl genug zum Anfassen ist, entfernen Sie die Haut.

www.ingramcontent.com/pod-product-compliance
Lightning Source LLC
Chambersburg PA
CBHW070413120526
44590CB00014B/1386